Grecia para todos

Historia

Biografía

Carlos García Gual es catedrático emérito de Filología Griega en la Universidad Complutense de Madrid, especialista en antigüedad clásica, literatura, mitología y filosofía. Ha publicado más de cuarenta libros y traducido una veintena de obras clásicas. Entre sus obras destacan títulos como *La secta del perro*, *La muerte de los héroes*, *Epicuro* y *Diccionario de mitos*. Crítico literario, publica reseñas de libros en diversos medios como *El País*, *Revista de Occidente* o *Claves de razón práctica*. Ha sido galardonado en dos ocasiones con el Premio Nacional de Traducción. Es miembro de la RAE.

Carlos García Gual

Grecia para todos

Obra editada en colaboración con Editorial Planeta – España

Bajo el sello editorial PAIDÓS M.R.
Avenida Presidente Masarik núm. 111,
Piso 2, Polanco V Sección, Miguel Hidalgo
C.P. 11560, Ciudad de México
www.planetadelibros.com.mx
www.paidos.com.mx

Mapas de interior: Diego Carrillo
Adaptación de portada: Booket / Área Editorial Grupo Planeta
Ilustraciones de portada: © Nicolás Aznárez

Primera edición impresa en España: abril de 2021
ISBN: 978-84-670-6235-9

Primera edición impresa en México en Booket: junio de 2022
ISBN: 978-607-569-260-9

Impreso en los talleres de Impresora Tauro, S.A. de C.V.
Av. Año de Juárez 343, Colonia Granjas San Antonio, Iztapalapa,
C.P. 09070, Ciudad de México.
Impreso en México – *Printed in Mexico*

Índice

Prólogo
La Grecia actual y la antigua Grecia

Estas páginas quieren ser una invitación a un viaje imaginario y sentimental, es decir, no se trata de ofrecer una breve guía turística de la actual República Helénica, que, como España, es un país miembro de la Unión Europea, y desde luego una nación que ofrece numerosos encantos para su visita, sino de esa Grecia esencial en la Historia de Occidente, un país un tanto al margen de los tiempos, pero muy bien dibujado en la memoria. La Grecia antigua, que, sorprendentemente, aún puede resultar próxima y familiar en muchos aspectos, esa Grecia que persiste muy viva en variadas imágenes del arte y la cultura, que pervive latente en muchísimos términos de nuestra lengua y que ha orientado con audaz impulso nuestros modos de pensar y estar en el mundo.

La afirmación de P. B. Shelley de que «todos somos griegos» acaso pueda parecernos hoy una frase exagerada de un poeta romántico e ilustrado, entusiasta y fascinado ante el redescubrimiento en su tiempo del mundo helénico. Pero, si nos paramos a pensar en ello, podemos ver que aún tenemos mucho de los antiguos griegos en nuestra manera de pensar y enfocar el mundo, un enraizamiento cultural evidente. Todavía percibimos ese aire familiar de lo griego de un modo consciente, y otras veces sin advertirlo. Un ejemplo superficial, pero muy significativo, se ve atestiguado en el uso de tantas y tantas palabras de origen griego, unas heredadas y en ocasiones pasadas antes al latín, y otras muchísimas más modernas, compuestas sobre términos griegos (como, por ejemplo, *nostalgia*, *utopía*, *teléfono*, *cinematógrafo*, *cardiopatía*, etc.). Y, en el terreno de las artes plásticas, visitando los fondos antiguos de los grandes museos de arte de muchas ciudades de Europa.

El acercamiento requiere, desde luego, empezar por recordar la imagen de Grecia en la geografía mediterránea, su marco esencial y perdurable, de antaño y de ahora. Lo que los griegos llamaban la Hélade, la península más oriental de las tres del Mediterráneo, sigue siendo la Grecia de ayer y de hoy, un país de costas muy recortadas y de interior muy abrupto, pero que cuenta con numerosas islas en el Egeo y el Jónico (o Adriático). Casi el 80 % es zona montañosa y ningún lugar de Grecia dista más de 90 kilómetros de la costa. La extensión de la península es de unos 130 000 kilómetros cuadrados, y, contando las islas, Grecia tiene unos 145 000.

Es cierto que ya en un primer vistazo al mapa es fácil advertir ciertos cambios entre el antiguo territorio poblado por griegos y el actual, cambios muy significativos que reflejan los conflictos de una agitada historia de siglos que ha dejado sus marcas en el mapa de la Grecia de hoy. Los griegos que, hace unos tres mil años, colonizaron las costas de Asia Menor fueron expulsados en el primer tercio del siglo XX de esa zona que hoy pertenece a Turquía. Pero otros se han mantenido en casi todas las islas del mar que rodea Grecia, desde la larga Creta, al sur, hasta Lesbos, en el Egeo, y Corfú, en el mar Jónico, superando los avatares de la Historia. Ya no hay población griega en la

zona costera de Asia Menor, donde en la época arcaica florecieron ciudades de gran renombre en la historia de la civilización y la cultura, como Mileto, Éfeso o Esmirna, entre otras. Y quedan pocos griegos en la ciudad de Bizancio o Constantinopla, al borde de dos mares y dos continentes, espléndida capital del Imperio romano de oriente y después del bizantino más de mil años, ahora ya con el nombre turco de Estambul, esa populosa metrópolis que fue luego cuatro siglos más la capital del Imperio turco y hoy sigue siendo una muy hermosa ciudad turca que se extiende a ambos lados del Bósforo.

La situación geográfica de Grecia, colocada en los bordes orientales del sur de Europa, frente a los límites occidentales de Asia Menor, y la ya mencionada configuración montañosa y la angulosa extensión de sus costas han marcado definitivamente el destino histórico de los griegos. Grecia está orientada al mar que la rodea, ese mar Egeo, con sus islas pobladas por griegos desde muy antiguo, surcado por barcos griegos desde tiempos homéricos, ese mar abierto que fue camino inmenso para la colonización griega del Mediterráneo.

Y, de otro lado, el predominio de las zonas montañosas en el interior peninsular siempre propició la fragmentación de la Hélade en numerosas comunidades políticas, circunstancia que caracteriza la historia de la época arcaica y clásica. También esa condición áspera y pedregosa de las tierras, con solo un 20 % del suelo cultivable, favoreció la marcha de sus habitantes en busca de campos más fértiles. De ahí que Grecia fuera desde siempre un país de emigrantes y aventureros marinos. Es decir, los griegos estaban unidos por la cultura, la religión y la lengua común (con algunas variantes dialectales), pero, sin embargo, la Grecia antigua no logró una unidad política hasta la época posclásica, en la que las antiguas ciudades, las *poleis*, orgullosas de su autonomía, la perdieron al ser vencidas y sometidas primero por los ejércitos macedonios y, definitivamente, por los romanos.

Tal vez sea oportuno, al comenzar este recorrido por el mundo griego, recordar esa importante fragmentación de la Grecia antigua, citando unas líneas del historiador M. I. Finley, en su libro *El mundo de Odiseo*:

> En cierto sentido los antiguos griegos fueron siempre un pueblo dividido. Llegaron al mundo mediterráneo en pequeños grupos, e incluso cuando se asentaron y finalmente llegaron a sus dominios, permanecieron desunidos en su organización política. En tiempos de Heródoto, y durante muchos años antes, había colonias griegas no solo en el área de la Hélade moderna, sino así mismo a lo largo de las costas del mar Negro, en lo que ahora es Turquía, en la Italia meridional y Sicilia oriental, en las costas del Norte de África y en el litoral de la Francia meridional. Dentro de esta elipse, de unos dos mil cuatrocientos kilómetros de extremo a extremo, había cientos y cientos de comunidades, con frecuencia diferentes en su estructura política y tenaces siempre en destacar sus soberanías respectivas. Nunca en el antiguo mundo fue aquello una nación, un único territorio nacional unido bajo un gobierno soberano llamado Grecia.

Ciertamente así fue, pero a la vez hay que subrayar que los griegos tuvieron una cultura y una religión y una lengua común, una comunidad sustancial de mitos y ritos que caracteriza a la civilización helénica, desde la época micénica al helenismo tardío, y que resalta por encima de esa fragmentación y división política y geográfica.

Y es esa evidente unidad cultural y espiritual lo que nos permite tratar a los griegos como un conjunto armónico, más allá de las variantes locales y dialectales.

Es curioso advertir que los términos *Grecia* y *griegos* proceden ambos del latín. Los griegos no se llamaban a sí mismos *griegos*, sino *helenos* (*héllenes*), y denominaban a su país la Hélade (*Hellás*). Los *graikoí* (o, en latín, *graeci*) eran una tribu helénica del noroeste de Grecia. Es decir, fueron los primeros pobladores de la península con que se toparon los latinos. Luego, a partir de la época en que Grecia quedó integrada en el Imperio romano de oriente, los súbditos imperiales se llamaron a sí mismos *romanos* (es decir, *romaioí*) y la Grecia medieval adoptó el nombre de *Romiosyne* (*Romanidad*), que oponía su imagen no solo a la de los bárbaros, sino también a la de los antiguos helenos paganos. La *Romiosíni* era la Grecia cristiana, con su capital en Constantinopla, y se distinguía con ese título de Romanidad del clásico y antiguo Helenismo (*Hellenismós*). Los *romaioí* (pronúnciese *romií*) se distanciaban de los *héllenes*, gente pagana de tiempos antiguos, de prestigio atestiguado por famosas ruinas. Hoy día, con el auge del turismo y la estimación renovada del mundo clásico y los notables progresos de la arqueología en todo el ámbito griego, de nuevo se han impuesto los términos de *Hellás* y *Hellenismós.* Es decir: Hélade y Helenismo.

En estas breves líneas preliminares, quisiera advertir sobre el propósito de esta obra, que pretende sugerir un acercamiento a la antigua Grecia no demasiado académico, sino a modo de ensayo didáctico de lectura fácil, que combine los numerosos y precisos datos históricos con ciertas notas personales. Por eso, como el lector verá, el libro comienza con unos ligeros apuntes sobre rasgos o trazos característicos de esa Grecia antigua, un tanto intemporal, tan lejana y tan próxima en muchos aspectos. Luego, en un segundo tramo, realizo un recorrido rápido por la historia de Grecia (desde el mundo homérico a la época helenística, con su claro centro en la Atenas clásica), mientras que en el tercero y en el cuarto destaco los más notables logros culturales de ese mundo helénico y la influencia y pervivencia de los mismos en la tradición europea. Se observará que algunos temas o personajes aparecen tanto en la parte III como en la IV, pero esas repeticiones se justifican bien, creo, por el contexto diferenciado, según predomine el enfoque histórico o literario. (Ese es el caso, por ejemplo, al tratar del teatro o de Platón y Aristóteles).

He pretendido evitar la erudición y he limitado las citas de otros autores, aunque he incluido algunas que me parecían muy acertadas y de fina precisión. Y, de paso, me permitían recomendar y sugerir la ampliación del texto o pasaje en cuestión acudiendo a los libros citados en la escueta nota bibliográfica final.

Breve nota cronológica

4500-2000 a. C. Ya en el Neolítico, y sobre todo en su última fase, la del período llamado Heládico Antiguo, la península estuvo bastante poblada. Se han excavado yacimientos importantes, como los de Dímini (Tesalia) y Lerna (golfo de Nauplia).

2000-1580 a. C. Llegada de los griegos (jonios, aqueos, dorios), pueblo indoeuropeo procedente del norte que domina toda la península y las islas y se mezcla con la población anterior, los llamados *pelasgos*. Imponen su lengua, su cultura y sus dioses, y adoptan los cultivos de la vid y el olivo mediterráneos y el arte de navegar.

1580-1100 a. C. Período micénico. Expansión económica y poderío militar. Se construyen palacios con fuertes murallas en Micenas, Tirinto, Atenas, Pilos. Al conquistar Creta los griegos acaban con el poderío y la cultura minoica (hacia 1400 a. C.). Los mitos guardan ecos de sus expediciones bélicas (como la guerra de Tebas, la conquista de Troya, etc.). Parece ya fijado el panteón de los dioses olímpicos y hay huellas de cultos heroicos. El período concluye de modo catastrófico: los grandes muros y los palacios son arrasados, cae en el olvido el sistema de escritura de los archivos, los núcleos urbanos se eclipsan. Antiguamente se atribuía este derrumbe violento a la invasión de los dorios, invasión dudosa; hoy se prefiere pensar en la coincidencia de varios factores como causa de la destrucción.

1100-750 a. C. En estos siglos, a veces llamados la «época oscura», por la ausencia de escritura, se va recomponiendo progresivamente la sociedad griega. Van surgiendo, en lugar de los antiguos palacios, poblamientos que son núcleos de nuevas ciudades, es decir, las *poleis*. La polis es una comunidad cívica que se caracteriza por su independencia y se rige con leyes propias, ya sin reyes y, en un principio, con gobiernos aristocráticos. Se desarrolla el comercio y aparece la poesía épica oral, relacionada con cultos heroicos. Es también en este momento cuando comienza la colonización griega del Mediterráneo. Y se difunde, entre los siglos IX y VIII a. C., un nuevo instrumento de progreso: el alfabeto griego. (Es una versión mejorada del sistema de escritura fenicio; los griegos inventan los signos para notar las vocales). En ese siglo VIII a. C. aparecen —y más adelante se ponen por escrito— los dos grandes poemas atribuidos a Homero, la *Ilíada* y la *Odisea*. Hesíodo, el segundo poeta épico, compone poco después su *Teogonía* y *Los Trabajos y los Días*.

750-500 a. C. Época arcaica. Vienen dos siglos de progreso y, a la vez, de gran agitación social en las ciudades. Junto a la consolidación de los grupos políticos y el aumento de las colonias, la introducción de la moneda (inventada tal vez en la rica zona de Lidia) significa una notable revolución económica: los aristócratas de viejo cuño se ven ahora desplazados por los comerciantes enriquecidos y el pueblo reclama leyes más justas. Las crisis sociales, sobre todo en ciudades como Atenas, Corinto o Mileto, propician la aparición de legisladores que calmen los enfrentamientos o de audaces tiranos que impongan un nuevo orden, más favorable al pueblo, y contengan a los viejos oligarcas. En la Atenas del siglo VI a. C. Solón y Pisístrato son dos claros ejemplos de lo uno y lo otro. Finalizado este período, hay también otro elemento decisivo: la formación del ejército hoplítico, que cambia el arte de la guerra y favorecerá los avances de la democracia. A final de siglo se destacan entre las ciudades las dos cuya pujanza y pronta rivalidad resultarán decisivas para el destino helénico: la democrática Atenas, en el Ática, y Esparta, en el centro del Peloponeso. Esparta, con su rígida disciplina doria, mantiene un sistema político singular que otorga el poder a una casta de ciudadanos formados para la guerra, y sigue anquilosada en su empeño de mantener su supremacía bélica, mientras que Atenas, con espíritu democrático y progresista, logra convertirse una ciudad de gran atractivo comercial y cultural en el centro de Grecia.

500-400 a. C. El siglo V a. C. es la época del esplendor ateniense. Comienza con la doble victoria de sus ciudadanos contra los persas, primero en la batalla terrestre de Maratón (490 a. C.) y luego en la naval ante la costa de Salamina (480 a. C.). En ambos casos Atenas se cubrió de gloria como esforzada y audaz salvadora de la libertad frente a los bárbaros invasores. Con su gran puerto del Pireo y su gran flota, se convirtió en la metrópolis de la amplia Liga Délica, que asoció a todas las ciudades e islas del Egeo en un imperio marítimo. Pero el siglo concluye, de manera trágica, con la derrota de Atenas, tras la muy larga guerra de casi treinta años contra Esparta, en la batalla de Egospótamos (en 404 a. C.). Entre uno y otro enfrentamiento queda el período más brillante de la Atenas democrática, la llamada «época de Pericles». Al apogeo económico se unió el cultural. En esos cincuenta años se edificaron el Partenón y los Propíleos, a Atenas llegaron prestigiosos sofistas y artistas procedentes de todo el mundo helénico y en su teatro, consagrado al dios Dioniso, se representaron año tras año espléndidas tragedias y comedias.

Esparta, al frente de la Liga del Peloponeso y con ayuda económica y naval persa, logró la victoria final tras el largo y desastroso conflicto bélico; destruyó los muros de la derrotada Atenas e intentó establecer allí un gobierno títere, el llamado «de los Treinta Tiranos». No obstante, derribado pronto, Atenas recuperó su democracia y animosamente se repuso de la catastrófica derrota.

400-323 a. C. Esparta sacó escaso provecho de su victoria. Incapaz de promover una nueva alianza, firmó la paz de Antálcidas con Persia, abandonando a los griegos de Jonia (386 a. C.). Luego se vio enfrentada a la pujante Tebas, cuyo ejército, conducido por Pelópidas y Epaminondas, aplastó a los hoplitas espartanos en la batalla de Leuctra (371 a. C.). Los tebanos volvieron a obtener una resonante victoria sobre peloponesios y atenienses en la batalla de Mantinea (362 a. C.), pero allí perdieron a Epaminondas, su gran caudillo.

A mediados del siglo IV a. C. aparece una extraordinaria figura en la zona septentrional: el rey Filipo II de Macedonia. Personaje de una gran ambición y astucia política, extendió pronto su influencia sobre las desunidas ciudades griegas. Y cuando algunas, como Atenas y Tebas, se asociaron para combatirle, las derrotó en la batalla de Queronea, en 338 a. C. Allí, junto a Filipo, combatió al frente de su poderosa caballería su hijo, el joven Alejandro. Después de Queronea las ciudades griegas quedaron sometidas al poder macedonio. Tras el asesinato de Filipo (336 a. C.), Tebas y Atenas trataron de recobrar su independencia anterior, pero Alejandro derrotó a los coaligados. En castigo, arrasó Tebas, pero perdonó generosamente a los atenienses por sus méritos de antaño.

Una vez que aseguró su dominio en Grecia y afianzó el ejército de su padre, el joven Alejandro se lanzó a su gran aventura asiática. En pocos años, de 336 a 323 a. C., logró la conquista de un enorme imperio, desde Egipto al norte de la India, derrotó en cuatro grandes batallas a los persas, cruzó el Indukush y se detuvo al fin en los bordes del río Indo, y de allí regresó a la ciudad de Babilonia, donde, súbitamente, poco antes de cumplir sus treinta y tres años, falleció, rodeado de sus ávidos Diádocos. Cuando la noticia de su sorprendente muerte llegó a Atenas, los atenienses, azuzados por el impenitente Demóstenes, se alzaron de nuevo en pos de la libertad y por segunda vez fueron derrotados por los macedonios, acaudillados ahora por Antípatro. Se les perdonó de nuevo, mas ahora a Demóstenes no le quedó otra salida que el suicidio.

323-200 a. C. El enorme imperio conquistado por el joven Alejandro se iría cuarteando pronto. Pero las polis griegas ya no recobrarían nunca su libertad y autonomía. Atenas y Grecia quedaron bajo la tutela del rey de Macedonia.

Atenas había perdido su poderío. En los bordes del Egeo aparecieron otras ciudades, y la más destacada por su población, su riqueza y su esplendor fue la que el victorioso Alejandro había fundado con genial intuición: Alejandría de Egipto. Allí, en el delta del Nilo, la más hermosa, próspera y populosa de las Alejandrías fundadas por el monarca macedonio, no tardaría en convertirse en la capital cultural del helenismo. La ciudad del famoso Faro, del Museo y la Biblioteca alcanzaría pronto, bajo la dinastía de los Ptolomeos, un resplandor inigualado.

200 a. C.-395 d. C. Grecia es conquistada por Roma. Los monarcas macedonios se enfrentan a los ejércitos de Roma y son derrotados. Filipo V, en Cinoscéfalos (197), por el cónsul Flaminino, que más tarde proclama la libertad de Grecia (196); Perseo es vencido en Pidna, por Paulo Emilio (168); luego los romanos destruyen Corinto (146), y Grecia queda gobernada por un procónsul y, más tarde, incorporada al Imperio. Algunos emperadores «filohelenos», como Nerón, Adriano y Marco Aurelio la visitan. El mundo helénico se beneficia de la *pax romana* y muchas ciudades conocen un notable resurgimiento económico y cultural en el siglo II, en época de los Antoninos. Pero Atenas es ya solo una ciudad museo, con algunas famosas escuelas filosóficas.

Hacia 330 el emperador Constantino, que adopta la religión cristiana y apoya la iglesia de Cristo, hace de Constantinopla una espléndida metrópolis imperial. En 381 el emperador Teodosio proclama que el cristianismo es la única religión del Imperio, proscribe los cultos y clausura los templos de los dioses «paganos». Los últimos Juegos Olímpicos se celebran en 393. Cuando muere, en 395, el Imperio romano queda dividido en dos, y Constantinopla, la antigua Bizancio, es coronada como la capital del Imperio romano de oriente, es decir, del Imperio bizantino, que durará aún, poderoso y tambaleante, más de mil años.

395-1453. Sobre las tierras del antiguo Imperio se abaten las invasiones de los bárbaros, en ataques sucesivos. Primero los godos, luego los hunos y más tarde los eslavos. Los dominios del Imperio de oriente se ven recortados, pero mientras que el de occidente se eclipsa y Roma es saqueada y arruinada, Constantinopla resiste tras sus muros. A los bárbaros del norte —como los búlgaros— se agregan, entre otros, los belicosos francos, que llegan en el siglo XII y, con el pretexto de la IV Cruzada, se muestran como saqueadores feroces en Constantinopla a comienzos de la siguiente centuria, en 1204. Por fin, tras siglos de borrascosa resistencia bizantina, serán los turcos otomanos quienes logren conquistar todo el territorio y tomar Constantinopla en 1453.

Es el triste final, tras una larga agonía, del milenario Imperio romano de oriente. Grecia y sus islas quedarán en poder de los turcos hasta 1830.

La Grecia Moderna. En 1821 comienza la insurrección de los griegos contra el gobierno turco. La revuelta despierta en Europa un movimiento de simpatía hacia los valerosos rebeldes que buscan recobrar la libertad. Algunas potencias europeas (Francia, Inglaterra y Rusia) acuden a socorrerlos. La flota reunida de estos aliados derrota a la armada turca en la batalla de Navarino (en el golfo de Pilos), en 1827. Los tratados de Andrinópolis y de Londres (1830) sellan la recuperación de la independencia griega.

Tras unos años de violencia interna, Grecia se define como una monarquía, y el príncipe Otón de Baviera es reconocido como su primer rey. Otón I reinará hasta 1862, una época de progreso, pero de fuertes crisis internas. A Otón, que renuncia al trono y se exilia en 1862, le sucede un nuevo monarca, un príncipe danés que toma el nombre de Jorge I. En los años siguientes Grecia conoce una intensa agitación política y un enfrentamiento continuo y muy duro con Turquía. Al final, logra recobrar sus territorios en el norte (Salónica, Calcídica, etc.) e islas del Egeo (Tratado de Bucarest, 1913).

Tras la Primera Guerra Mundial, Grecia entra en guerra con Turquía con la pretensión de recobrar las antiguas ciudades de Asia Menor y Constantinopla, pero es derrotada por las fuerzas turcas acaudilladas por Mustafá Kemal Atatürk. En 1922 se logra un acuerdo entre los dos países. Turquía expulsa a los griegos de la antigua Jonia, pero estos se mantienen en todas las islas de Egeo (con excepción de Chipre, territorio con su propia autonomía).

En 1936 el general Metaxas instaura una dictadura. Se hará famoso al negarse a ceder a las presiones italianas y colocar a Grecia del lado de los aliados en la Segunda Guerra Mundial. Tras derrotar heroicamente a los italianos, Grecia es invadida por los alemanes y, al final, liberada por los ingleses.

La monarquía se mantiene (en medio de una gran tensión social entre grupos comunistas y conservadores). Al rey Pablo I (1947-1964) le sucede su hijo Constantino, depuesto y exiliado en 1967, tras el llamado «golpe de Estado de los Coroneles». Son años de grave conflicto civil entre marxistas y conservadores, con fuerte represión y contestación popular. Los enfrentamientos obligan al conservador G. Papadopoulos a marchar al exilio. Ese mismo año de 1973 se proclama la República Helénica y se aprueba la nueva Constitución en 1974. Poco después, en 1981, Grecia es aceptada como miembro de la Comunidad Europea.

I
Trazos para una primera imagen

El olivo

Según un famoso mito, la diosa Atenea y el dios Poseidón disputaron por ser elegidos como la divinidad protectora de la recién fundada ciudad de Atenas. Cada uno ofreció un regalo: el dios del mar hizo nacer una fuente perenne de agua clara y pura en lo alto de la Acrópolis; Atenea hizo brotar allí el primer olivo. El jurado de los primeros atenienses prefirió este último don. La diosa de ojos glaucos quedó, pues, como patrona eterna de la ciudad, y por eso tendría su gran templo sobre la sagrada colina, que domina la vista de la urbe, el Partenón. Los ojos verdes de la diosa, glaucos como su casco y su coraza, se asemejan en su color claro al de las hojas del olivo. Y allí, junto al Erecteion, crece un olivo sagrado (ciertamente mucho más joven que el originario) en recuerdo del mítico obsequio de Atenea.

La llanura del Ática es desde muy antiguo una tierra de famosos olivares. Las aceitunas y el aceite eran un producto esencial en la economía y en la alimentación, y no solo para la población del Ática, sino también para la exportación y el comercio. Proporcionaban alimento, combustible para la iluminación y un sucedáneo para el jabón, así como un producto selecto: aceites de oliva de calidad que se exportaban. En jarras de la acreditada cerámica ática el aceite se llevaba a tierras lejanas, y grandes ánforas con aceite se ofrecían como premio a los triunfadores en los juegos panatenaicos. Los olivos decoraban de plateada serenidad el paisaje ático. Al invadir los espartanos el Ática durante la guerra del Peloponeso, talaban sin piedad estos árboles de los campos para enfurecer a los atenienses refugiados tras los muros de la polis. Causaban un gran daño, desde luego, pues los olivos tardan años en crecer y dar fruto; aunque tal vez al no arrancarlos de raíz volvieran a retoñar años después.

En *Edipo en Colono*, la última tragedia de Sófocles (hacia 405 a. C.), el coro que quiere elogiar los dones de la tierra del Ática ante Edipo, que llega, suplicante y apátrida, ciego y viejo, y canta así la gloria de sus olivos:

> Existe aquí un árbol tal como yo no he oído que haya brotado nunca en la tierra de Asia ni en la gran isla dórica de Pélope. Árbol indomable que crece de una manera espontánea, terror de las lanzas enemigas, que abunda por doquier en esta región: el glauco olivo que alimenta a nuestros hijos. Ni un joven ni quien se encuentra en la vejez podría destruirlo aniquilándolo con violencia. Pues el ojo vigilante de Zeus protector de los olivos lo observa siempre, así como Atenea la de refulgente mirada.

El olivo es todo un símbolo de la tierra austera del Ática. Pero, desde luego, hay en Grecia otros olivares, como el muy extenso del valle del Pleisto, a orillas del golfo de Corinto, que desde la balconada de Delfos se divisa abajo como un bosque inmenso, inagotable, una impresionante marejada de árboles.

Lo recuerda con entusiasmo Jacques Lacarrière (en su libro de viajes por la Grecia moderna *El verano griego*):

> Por doquier, al infinito, unos olivos apretados, enormes, panzudos, retorcidos, cheposos, que evocan de manera subyugante a gnomos monstruosos, como héroes transformados en plantas e inmovilizados a medio camino de su metamorfosis. Tanteo, acaricio, recorro con mis manos esos troncos que dan ganas de apretar, de acariciar su piel rugosa y agrietada por el tiempo, esa corteza como el cuero cuarteado de los grandes reptiles. Se comprende al verlos el amor y la devoción que los griegos han tenido siempre a este árbol.

En muchas otras tierras del Mediterráneo abundan los olivares. En los campos de Andalucía, como en Grecia, se ven perfectamente alineados como inmóviles ejércitos; y viejos y jóvenes olivos también crecen desordenados y agrestes en bancales de laderas montañosas, alternando con algarrobos y pinos. Hay en el Ática y en la gran llanura al sur de Delfos incontables olivos de troncos gruesos y retorcidos, productores del aceite que fue en toda la época antigua un producto básico de la economía local, tanto por sus múltiples usos como por destinarse a la exportación, transportado en miles de hermosas ánforas griegas.

El mar

La lengua griega tiene varios nombres para el mar. El más usual es *thálassa*, un vocablo preindoeuropeo. Es decir, una palabra que los griegos tomaron de los anteriores pobladores de la península, los pelasgos. Llegados del norte, se toparon con el mar por todas partes, y adoptaron el término indígena. *Thálassa* era la forma del griego común, pero *thálatta* es la del dialecto ático y de la literatura clásica. Es la que usaron los soldados de la *Anábasis* de Jenofonte cuando tras su larguísima marcha por tierras desconocidas divisaron desde la cumbre del monte el mar. El historiador destaca el emocionado grito de júbilo del ejército de los Diez Mil: «¡Thálatta, Thálatta!». Tras la larga marcha el mar se veía como familiar camino de regreso, sendero navegable hacia una Grecia lejana.

Para nombrar el mar, o la alta mar, usaron también los griegos una palabra indoeuropea que indicaba el 'camino': *pontos*. Es la misma raíz que tenemos en el latín *Pons*, *pontis* ('puente'), el inglés *path* ('sendero') o el sánscrito *pantah* ('camino'). Otro nombre para el mar —acaso la orilla del mar— es *hals* (que viene de **sals*, como en latín *salis*, 'sal'). Y emplearon aún otro término: *pélagos* (que suena en *archipiélago*). «Camino» y «agua salada» fueron metáforas fáciles; luego meras variantes para «mar».

La configuración de Grecia, con tantos montes y tantas costas recortadas y a veces enfrentadas, hizo del mar el camino más abierto a la comunicación y a nuevos horizontes. Los griegos, desde la época de la colonización, apreciaron el mar como camino de aventuras. Ya desde la épica el mar es el gran telón de fondo de las gestas heroicas. Y Esquilo menciona la «sonrisa innumerable de las olas marinas».

El ruido de las olas en la orilla resuena en los primeros versos de la *Ilíada*, cuando el adivino Crises, rechazado por Agamenón, «caminó en silencio por la orilla del resonante mar». Unos versos después, también el acongojado Aquiles se aparta solitario por la orilla y allí, tendiendo los brazos, invoca quejoso a su madre. Y ella, Tetis, diosa marina, surge de las olas para consolar a su hijo. Las curvadas naves negras de los aqueos están varadas frente a la asediada Troya. Tras arrasar la ciudad de Príamo, los héroes cruzarán el mar de regreso.

El retorno a veces deriva en larga travesía, como el de Menelao, que pasa por Egipto, y a veces resulta en extremo arriesgado y prolongado, como el de Odiseo, que se encuentra con magas y monstruos y sufre naufragios y pierde en el viaje todos sus barcos y sus hombres antes de arribar a Ítaca. ¡Cuántas frágiles y audaces naves se perdieron en el mar proceloso! ¡Cuántos navegantes regresaron, como Ulises, cargados de aventuras y ricos tesoros!

Como escribe Aurora Luque[1]:

> Toda la literatura griega está penetrada por el mar. Todo el mar griego estuvo siempre poblado de criaturas poéticas. El mar griego es —los poetas lo han hecho así— pródigo en caminos, en historias y en versos, prodigioso en sus claridades y destellante en sus profundidades.
>
> Los versos de todos los poetas de la Grecia antigua están recorridos de ritmos y rumores marinos, de estertores de olas… La imaginación helénica del mar es copiosa y tonificante. Nos surte de una memoria entrecruzada de barcos, de hombres y de dioses; de delfines miríficos, de golpes de remos, de vientos húmedos, de cadáveres semidevorados de marineros, de conchas ofrecidas como exvotos, de redes exhaustas, de olor de algas, de puertos saludados.

Esa antología de poemas y versos de ecos marineros en la poesía clásica podría extenderse hasta la poesía moderna, pues en Cavafis, en Seferis, en Elitis y en muchos otros autores del siglo XX abundan las evocaciones del mar. Desde la Antigüedad Grecia ha sido tierra de marinos y emigrantes, y Odiseo es

---

[1] *Aquel vivir del mar*. Barcelona, Acantilado, 2015, p. 9.

el héroe evocado una y mil veces. Y, a la vez, hay que recordar la inmensa importancia que tienen en su historia y su cultura las ciudades e islas con puertos dotados de una intensa actividad, y no solo para el comercio y la colonización, sino también para la comunicación y el tráfico de ideas y noticias de lo lejano. Pensemos en las ciudades e islas de la Jonia, donde nació la filosofía y se desarrolló la épica heroica. Ciudades como Mileto, Priene, Esmirna, Halicarnaso, e islas como Samos, Quíos, Lesbos, Cos, etc. El poderío marítimo de Atenas lo asegura la gran flota que tiene su base en el anchuroso puerto del Pireo.

El vino

Como el olivo, también la vid es planta mediterránea por excelencia. Y fundamental en la cultura festiva de los griegos. El vino es un don gozoso de Dioniso, dios de la fiesta báquica y del entusiasmo y de la embriaguez (y de la máscara). Y tiene un papel primordial en la reunión de amigos en torno a la mesa del banquete, lo que en griego se llama *symposion* ('beber conjuntamente'). Y fue, en ese contexto, celebrado por numerosos poetas. He aquí unas cuantas citas.

Escena del convite amistoso

Jenófanes de Colofón (siglo VI a. C.) evoca el ambiente simposíaco en una famosa elegía, y recomienda, con talante moralista, que nadie se emborrache, aunque beba cuanto quiera, y las charlas sean sin estridencias (Frg. 1D):

Ahora ya limpio está el suelo y las manos de todos,
y las copas. Con trenzadas coronas nos acicala uno,
y otro presenta en un frasco el ungüento aromático.
La crátera en medio se alza rebosante de gozo.
Otro vino está presto que dicen que nunca defrauda,
dulce en los cántaros, y con perfume con flores.
En el centro su santo aroma exhala el incienso,
y hay también agua fresca, sabrosa y muy clara.
Al lado están los rubios panes y la mesa magnífica
cargada de queso y de espléndida y dorada miel.
El altar está en medio cubierto de ramos de flores
y el canto y la fiesta se extienden por toda la casa.
Con que deben, primero, honrar los hombres sensatos
a la divinidad con relatos piadosos y puras palabras.

Muchos poetas griegos celebraron los gozos que procura el vino. Veamos como muestra algunos elogios, comenzando por unos versos de Alceo de Lesbos (siglo VI a. C.), compatriota de la famosa Safo. Entre los fragmentos que conservamos de sus poemas, varios celebran los dones del vino, fuente de alegre placer y remedio contra las penas:

No hay que abandonar el ánimo a los males.
Nada pues ganaremos con apenarnos,
oh Bicquis, y no hay mejor remedio
que mandar a por vino y embriagarnos.

Desprecia la tormenta, aviva el fuego,
sazona, sin escatimarlo, el vino
dulce como la miel, y luego reclina
tus sienes sobre un blando cojín.

Báñate las costillas en vino, que ya retorna la estrella,
y es penosa la época, y todo está sediento y con ardor,

y suena la voz de la cigarra en el follaje; con sus alas
derrama su fuerte y continua canción en el verano ardiente.

Bebamos. ¿A qué aguardar las candelas? Queda un dedo de día.
¡Descuelga y trae las grandes copas pintadas, enseguida!
Porque el vino lo dio a los humanos el hijo de Sémele y de Zeus
para olvido de las penas. Escancia mezclando uno y dos cazos,
y llena los vasos hasta el borde, y que una copa empuje
a la otra…

El vino, pues, es el espejo del hombre.

El vino, amigo, es también la verdad.

No plantes ningún árbol antes que la vid.

Podríamos añadir aún un par de fragmentos de otros dos grandes poetas.

Píndaro, *Ditirambo 124.*
A Trasibulo de Acragante.

¡Trasibulo, te envío como postre
un carro de afectuosos cantos! Tal vez en la fiesta
resulta un dulce acicate para los convidados,
junto al fruto de Dioniso y las copas atenienses,
cuando de los corazones de los hombres se evaden
de las fatigosas penas, y en un mar de riqueza, refulgente de oro,
todos por igual viajamos hacia la orilla de la ilusión:
entonces el pobre es rico y los enriquecidos
exaltan sus ánimos subyugados por las saetas de la vid.

Eurípides. *Bacantes* 420 y ss.

¡El dios, hijo de Zeus, se regocija en las fiestas y ama la Paz,
diosa que da la prosperidad y nodriza de la juventud!
¡Por igual al más rico y al más pobre les ha ofrecido disfrutar
del goce del vino que aleja el pesar!

Y, como colofón, un poema más que de nuevo insiste en la unión del vino y el banquete alegre, junto a amigos parlanchines o cantores. Es de Anacreonte (de Anacreonte de Teos, del siglo VI a. C., derivan las poesías llamadas «anacreónticas», que tienen como temas tópicos los placeres del vino y del amor. Son un tipo de poemas festivos, muy imitados en varias literaturas, especialmente en el tardío helenismo y en la época neoclásica europea, en el siglo XVIII):

¡Venga ya, tráenos, muchacho,
la copa, que de un trago
la apuro! Échale diez cazos
de agua y cinco de vino,
para que, sin excesos, de nuevo
celebre la fiesta de Baco.
... Vamos, otra vez, sin tanto
estrépito y griterío ahora
practiquemos el beber con vino,
no al modo escita, sino brindando
al compás de hermosas canciones.

Otros trazos de la fiesta

He comenzado estas notas sobre el vino con estos textos poéticos que resaltan su importancia en la cultura griega. En ellos se ve bien cómo el vino estaba asociado a las fiestas y, muy especialmente, al *simposio*, esa última parte del banquete en que los convidados beben y charlan (o cantan breves canciones). El vino mantiene la alegría. El término de *symposion* significaba, como queda dicho, 'beber en compañía', y esas sobremesas de vino y charla fueron una institución muy característica de la cultura griega clásica. Y con muy admirables evocaciones literarias: Platón y Jenofonte redactaron sendos diálogos con ese nombre, «banquetes» en los que Sócrates es la figura central en la conversación. También escribieron «simposios» autores más tardíos, como Plutarco, Luciano y Ateneo.

Beber en compañía y conversar con relajada franqueza con los amigos son los básicos gozos del simposio. Hay que añadir también otros complementos festivos, como las flautistas, los saltimbanquis, los bailes y las fáciles relaciones eróticas ocasionales. (Los convidados son solo hombres, las mujeres de la casa no asisten al banquete, pero sí se admite a hetairas, más o menos refinadas, además de las flautistas y danzarinas). Para proceder al simposio, al acabar la comida, los sirvientes despejaban las mesas, dejando solo en sus manos las copas y, sobre las mesillas dispuestas junto a los triclinios, algunos dulces y golosinas, mientras los comensales se coronaban con adornos de hiedra y pámpanos. Los siervos derramaban sobre ellos perfumes y escanciaban por turnos el vino. Tras las libaciones se elegía a un árbitro de las charlas, el simposiarco o jefe del simposio. Se creaba así una placentera atmósfera en la que los simposiastas cantaban, charlaban adornando los brindis con sus gracias y ocurrencias, muy desenfadadamente, apasionados o frívolos, sobre asuntos de amor y de política. Vino, música y amistad amenizaban el convite, donde «se adormecen las penas y despierta el instinto amoroso», según Jenofonte.

Las charlas simposíacas eran para aquellos parlanchines y discutidores por naturaleza fuentes de intenso placer. Uno podía imaginarse que también en el mundo de los muertos habría, para los bienaventurados, banquetes y tertulias por el estilo (como Luciano cuenta en sus *Relatos verídicos*), e incluso en el Olimpo los dioses disfrutaban de estas reuniones, como cuentan algunos mitos.

En resumen, el banquete es un festejo colectivo donde se refleja un culto y una cultura de la amistad. En la franca y jovial comunicación del grupo de convidados se expresa un afán hedonista y una exaltación desinhibida del diálogo y la camaradería. El simposio, como se ha señalado, era a la par alegre espectáculo, espacio lúdico y amable confluencia de placeres. Perfumes, cantos, música y danzas, juegos de ingeniosas palabras circulaban impulsadas por el vino.

Como ya hemos visto en alguna línea de los poemas previos, los griegos solían mezclar el vino con agua, a fin de que su efecto fuera más suave y no produjera una rápida embriaguez o un sopor que entorpeciera la charla. Los peligros de una curda inoportuna estaban al alcance de la mano. La mezcla solía realizarse en una gran tinaja (o crátera) colocada en el centro de la sala del banquete y de allí se servía en jarras o copas. Sobre los efectos del vino advierte un poema de un tal Eubulo:

> Solo tres cráteras mezclo
> para los que son sensatos: trae salud
> la primera, la que se apura al comienzo.
> La segunda es de amor y placer. La tercera, de sueño.
> Después de tomarla los invitados sensatos
> regresan a casa. En la cuarta se pierde el dominio,
> es la de la insolencia. La quinta es la del jaleo.
> La sexta, la de los bailes por la calle. La séptima, la de ojos morados.
> La octava, la de los alguaciles. La novena, la de la cólera.
> La décima, del frenesí. La siguiente, del delirio,
> que tumba a cualquiera. Si llenas a menudo la misma copa,
> por pequeña que sea, acabará por echarte la zancadilla.

El vino es estupendo, pero no conviene el exceso, como advierte también el poeta Paniasis:

El vino es el mejor regalo de los dioses a los mortales,
un don espléndido. Con él se armonizan los cantos
y las danzas todas y todos los amores deseados.
Vacía el corazón humano de todas las tristezas,
si uno bebe con moderación. Pero más allá de la medida es dañino.

Acerca del vino griego

He comenzado este capítulo con estas citas poéticas que destacan el prestigio que tuvo el vino en la cultura griega. Como el olivo, la vid es planta muy antigua y tuvo un valor simbólico y económico excepcional en el Mediterráneo antiguo.

Ya en la Creta minoica se producía y se exportaba vino, como más tarde en el período micénico, según atestiguan algunas tablillas del llamado «silabario lineal B». Desde Creta tal vez el cultivo de la vid se exportó a la Grecia del sur y las islas del Egeo. Más tarde, los colonos griegos llevaron vino en numerosas ánforas hasta Sicilia e Italia y hasta el mar Negro, y difundieron los viñedos en muchas costas del Mediterráneo. Tal vez ellos introdujeron la viticultura en tierras de España y en la Galia. Miles y miles de ánforas han encontrado los arqueólogos con las marcas de varias ciudades griegas. Desde las tierras del Ática y de las islas griegas —Tasos, Lesbos, Quíos, Naxos, Cos, etc.— se exportaban muy lejos las jarras de vino en panzudas naves.

En el último canto de la *Odisea*, vemos al padre de Ulises, Laertes, cuidando su viñedo. Y en los *Relatos verídicos* de Luciano, en el interior de la ballena que se lo ha tragado el narrador encuentra a un náufrago griego que en su islote ha plantado una viña.

Como se ha indicado, mezclar el vino con agua se veía como hábito civilizado, pues, mitigada así su fuerza, incitaba a la camaradería y la charla, mientras que tomarlo puro parecía una costumbre bárbara, que solía conducir a la embriaguez violenta y desenfrenada. Un ejemplo mítico era la pelea en Tesalia de los salvajes centauros, que, invitados a una fiesta de bodas, se lanzaron borrachos a raptar y violar a las mujeres, siendo luego vencidos por los lapitas y el heroico Teseo. También el cíclope Polifemo bebió puro y a grandes tragos el vino que le ofreció Ulises, y así cayó luego en un tremendo sopor que el héroe aprovechó para hincarle la estaca ardiente en su único ojo y cegarlo.

Además de suscitar alegrías, el vino también servía para mitigar pesares, como recuerda el coro de *Bacantes* que ya citamos. Resultaba efectivo frente a algunos dolores, pues no olvidemos que, a falta de medicinas más sofisticadas, podía inducir al sueño, y los médicos hipocráticos lo aconsejaban como analgésico y diurético, tónico y digestivo, siempre usado con moderación. Celebrado en las fiestas por su don, Dioniso no distinguía entre ricos y pobres, sino que a todos procuraba gozos y borraba penas.

El dios del vino y la fiesta colectiva

Dioniso es un dios muy singular dentro del panteón griego. A primera vista, parece que ha llegado a la familia de los olímpicos algo más tarde que otros. Según la mitología, es el hijo de Zeus y de una mortal, Sémele, la princesa de Tebas, hija de Cadmo, y ha nacido de un parto doble muy extraño, pues fue extraído del vientre materno en medio de las llamas y renació al fin del muslo de Zeus. Dioniso es esencialmente el dios del vino y de la euforia que este produce, con entusiasmo invita a la fiesta colectiva y orgiástica, y a danzas frenéticas en montes y bosques. Lleva el sobrenombre de Baco, al que sus fieles invocan, coronados con pámpanos de vid u hojas de hiedra, al grito de «¡Evohé!». Sus seguidoras, movidas por el entusiasmo, son las bacantes, también llamadas «ménades» ('enloquecidas'). Es asimismo el dios del teatro y de la máscara, que, en oposición a su hermano Apolo, claro y sereno, avanza como una divinidad bulliciosa acompañado de un cortejo festivo de sátiros y bacantes. Frente a la lira de Apolo la música báquica trae retumbos de tamboril y panderetas. Antes se creía que era un dios venido del Próximo Oriente o de la Tracia, es decir, del norte bárbaro, pero ahora sabemos que ya era venerado en la antigua Creta, pues su nombre aparece en las tablillas del silabario cretense. Lo que revela que Dioniso es un dios antiguo en el Mediterráneo, anterior a la llegada de los indoeuropeos, como lo fue el cultivo de la vid en esa zona. Un primitivo dios de la vegetación, relacionado con los cultos de la Tierra Madre. No es, por lo tanto, una divinidad extranjera, sino una alegre deidad que, frente a los dioses más políticos, gusta de mostrarse como el recién llegado, como el Extraño, que parece proceder de Asia, con su cortejo de ménades danzantes, tal como aparece en la famosa tragedia de Eurípides, *Bacantes*.

En Atenas se celebraba a Dioniso en las fiestas del vino, en las Antesterias, cuando, en febrero, se abrían las jarras del vino de la vendimia anterior, y en las Dionisias y las Leneas, en las que había festivales dramáticos. El teatro de Atenas estaba consagrado a Dioniso, y las representaciones de tragedias y comedias se enmarcaban en el ámbito cultual de esta divinidad. La democracia propiciaba las fiestas populares y el elogio del dios que traía alegrías y quitaba penas por igual a ricos y a pobres. De ahí que fuera el tirano Pisístrato quien instituyó las representaciones teatrales en Atenas como una fiesta popular, costeada por la ciudad. En la escena se cuentan y reinterpretan los memorables mitos heroicos de trasfondo religioso para la educación de todos los ciudadanos.

La admiración y la verdad

De los griegos antiguos nos atrae su característica inquietud, ese afán tan constante a lo largo de los siglos por ensayar nuevos caminos para entender el mundo, ese empeño de una indagación progresiva en la visión trágica o filosófica del destino humano y de los conflictos de la sociedad, su anhelo de profundizar en el descubrimiento de la realidad mediante la reflexión, es decir, mediante lo que llamaron el *logos*, que significa, a la vez, 'palabra' y 'razón'. Tal vez lo propiciara el reducido marco de la *polis*, la ciudad, que es un centro de encuentros y diálogos, de críticas y de libre examen, un espacio de coloquios donde surgen los conceptos de *díke*, *nomos*, *eleuthería*, *paideia*, *sophía* y *philosophía*. (Es decir: 'justicia', 'ley', 'libertad', 'educación', 'sabiduría' y 'amor al saber', nociones fundamentales de la cultura griega).

Es fácil advertir el enorme contraste histórico entre esos inquietos griegos y los habitantes de los grandes imperios orientales o del Egipto antiguo, obedientes a las costumbres y tradiciones religiosas inmutables durante largos siglos. Fue tal vez en esas ciudades costeras de Asia Menor, donde se cruzaban gentes de muy varias culturas y en cuyas plazas y puertos se contaban historias muy diversas y se dialogaba con una nueva tolerancia y una renovada curiosidad, donde comenzó todo. Allí no existían tradiciones que con su peso abrumaran las preguntas críticas ni tampoco una religión cuya tradición mitológica sobre el mundo y el destino se impusiera con severidad. Las ciudades portuarias eran lugares abiertos a la charla y a la discusión; allí se mezclaban gentes de varios credos y procedencias, y sus relatos podían despertar una curiosidad ilimitada y un afán de saber más de los fundamentos del cosmos.

Me gustaría destacar que en la base de esa inquietud por conocer, precisar y representarse el mundo como un 'orden' (que es lo que significa la palabra *kosmos*) podemos señalar dos sentimientos: la admiración (*thaumázein*: 'admirarse') y la búsqueda de la verdad escondida detrás de las apariencias. Según Heródoto «contar hechos admirables, tanto de griegos como de bárbaros» es lo que lo impulsó a escribir su extensa *Historia*. También Platón y Aristóteles afirman que el fundamento inicial del filosofar es la actitud de «admirarse» (y preguntarse a fondo por lo admirado).

La palabra griega *alétheia* significa originariamente 'desvelación', es decir, negación o superación de la *léthe* (ese 'olvido' que recubre la realidad de las cosas). En la terminología de los filósofos, la *alétheia* suele oponerse a la *doxa* ('opinión'). Si, de acuerdo con la afirmación del presocrático Heráclito, «La naturaleza gusta de esconderse» —*physis phileî kryptesthai*—, la *alétheia* se conquista en la búsqueda tenaz y ardua del *logos*. Ese anhelo de buscar la verdad y progresar en la investigación se expresa bien en una sentencia del presocrático Jenófanes: «No todo lo enseñaron los dioses a los humanos, pero ellos, buscando en el tiempo encuentran la verdad».

Los griegos comenzaron desde la época arcaica a tratar de encontrar un orden social que limitara los abusos del poder de los más fuertes y estableciera un claro orden cívico que proporcionara derechos y libertades a la población en el marco de la polis. Sin duda, ese marco reducido de sus ciudades favoreció el desarrollo político que culmina en la democracia, cuyo más claro paradigma histórico lo ofrece la espléndida Atenas del siglo V a. C. (como analizamos en otro capítulo). En el conflictivo mundo de las ciudades griegas pensar acerca de la justicia (*díke*) y la ley (*nomos*) caracteriza la reflexión política, ya desde la poesía épica (en Hesíodo, sobre todo).

Es importante destacar la decisiva aparición de leyes escritas en varias ciudades ya en época arcaica. (Los textos quedaban grabados a veces incluso sobre los muros de la ciudad. Es un buen ejemplo la larga inscripción de las leyes de Gortyna, conservada en ese lugar de Creta). La existencia de leyes, ya hubieran sido acordadas por un grupo de magistrados o votadas en la asamblea democrática, era una garantía de la libertad, en oposición, por ejemplo, a la tiranía y el despotismo de un monarca como el que regía el vasto imperio de los persas. En las guerras médicas los griegos empeñaron sus vidas por defender su independencia y su libertad (*eleuthería*). Una libertad que era solo de los ciudadanos, pues recordemos que, junto a los *ciudadanos libres*, en las polis griegas había esclavos, y las mujeres y los niños no gozaban de tales derechos.

Compuestos a partir de la palabra *nomos*, hay dos términos griegos de gran relieve político: *autonomía* e *isonomía. Isonomía* ('igualdad ante la ley') es un sinónimo de *democracia*, mientras que en la época antigua *democratía* indica muchas veces un gobierno popular (*demos*), es decir, de los ciudadanos de clase baja, en oposición al gobierno de los ricos, una oligarquía o aristocracia.

La lengua griega. Breve recorrido histórico

La lengua griega es la más antigua de las existentes en Europa. Pertenece a la familia lingüística indoeuropea (de la que derivan también el latín, el celta, el germánico, el eslavo, el hitita, el antiguo indio, etc.) y fue introducida en la península helénica por los invasores helenos hacia 2000 a. C. Los primeros textos escritos en griego son los conservados en las tablillas micénicas del silabario lineal B (descifrado hacia 1955). Desde entonces hasta nuestros días, es decir, desde el llamado «micénico» hasta el griego moderno, el que ahora se habla y escribe en Grecia, ha pervivido ese mismo idioma, mantenido más de treinta y muchos siglos y bien atestiguado en su notable evolución histórica. Sabemos muy poco de la lengua o lenguas de los pobladores de Grecia anteriores a la llegada de los helenos; de su lengua, la de los pelasgos, que quedó como substrato, sumergida bajo el griego, parecen provenir unas pocas palabras de raíz no indoeuropea, como *thálassa* ('mar'), *kypárissos* ('ciprés'), *labyrinthos* ('laberinto'), *chrysós* ('oro'), etc.

Desde el comienzo, la dispersión de los griegos repartidos por la montañosa península y las islas facilitó la creación de variantes dialectales del griego común, de modo que suelen distinguirse hasta cuatro grandes dialectos, que, a su vez, presentan variantes menores: son el grupo dialectal jónico-ático, el eolio, el arcado-chipriota y el dorio. Es interesante notar los lugares en que se usaba uno u otro, relacionados con la historia de sus primeros pobladores y sus relaciones culturales y comerciales más adelante.

El jónico-ático se usaba en el Ática, la isla vecina de Eubea, las Cícladas, y algunas ciudades de la costa de Asia Menor, como Esmirna, Halicarnaso, Mileto, Focea, y las colonias respectivas; también en gran parte de Sicilia.

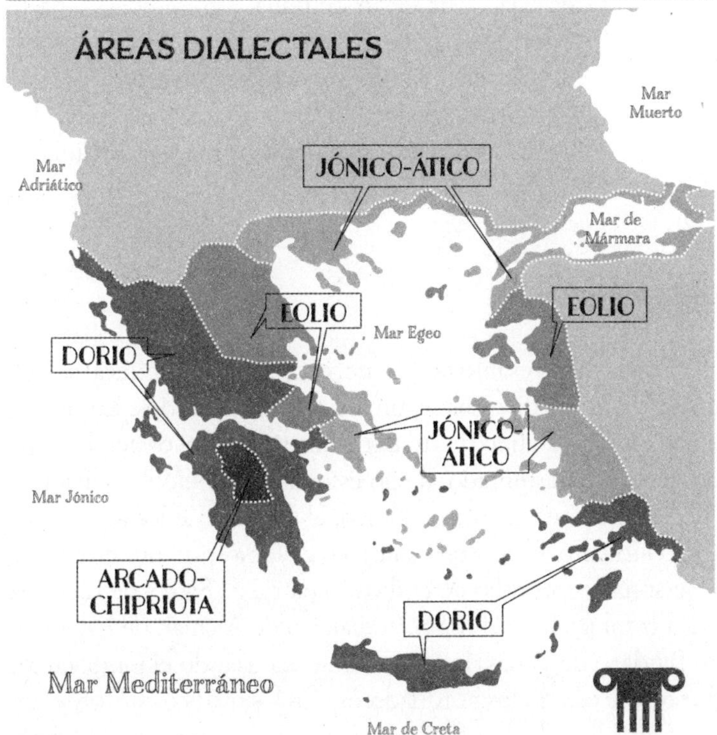

El eolio tenía tres subdialectos: el tesalio, el lesbio y el beocio. Como apuntan sus nombres, el primero se usaba en Tesalia; el lesbio en la isla de Lesbos y la zona costera próxima; y el beocio en esa comarca, vecina septentrional del Ática.

El dorio, un dialecto introducido algo después de los otros (que forman el grupo llamado «aqueo») se hablaba sobre todo en gran parte del Peloponeso, en Esparta y en Corinto, así como en algunas islas, principalmente en Creta y en Rodas, y en la Magna Grecia, es decir, el sur de Italia, y en Siracusa y parte de Sicilia. (Al dorio se parece el dialecto del griego del noroeste, de Etolia y Acarnania y noroeste del Peloponeso).

El arcado-chipriota, dialecto muy antiguo, se usaba en dos territorios muy separados, por razones históricas: la Arcadia en el Peloponeso y la isla de Chipre.

Dialectos literarios

Es muy interesante notar que, en la literatura griega, se han usado dialectos diversos según los géneros literarios. En principio el empleo de uno u otro tiene que ver con el origen local de un género determinado; luego es una convención tradicional. Así, la épica está escrita en jónico, el dialecto de los aedos que, como Homero, venían de Esmirna o de Quíos; la lírica monódica o personal usa el eolio de Lesbos, la patria de Safo y de Alceo; la lírica coral prefiere el dorio, el dialecto de Alcmán de Esparta o de Píndaro de Tebas; la prosa comienza usando el jonio, en los presocráticos y en los historiadores y en los médicos (recordemos que Heráclito era de Éfeso, Heródoto de Halicarnaso, Hipócrates de Cos). Por su parte, el teatro, creación ateniense, emplea el ático, tanto en los diálogos como en las partes líricas del coro, en las tragedias como en las comedias. También están en ático la prosa filosófica, a partir de Platón, y la histórica, a partir de Jenofonte y Tucídides. Es decir, el dialecto de Atenas se impone en la época clásica, cuando la polis se ha convertido en la capital de la cultura griega. (Conviene advertir que los dialectos literarios no reproducían exactamente las hablas locales, sino que presentaban cierta libertad en sus formas y expresiones, y a veces introducían algunas palabras homéricas o vocablos arcaicos).

En época helenística, es decir, a partir de las conquistas de Alejandro, que no solo extienden el helenismo en un mundo de horizontes lejanos, sino que aportan una notable unidad a la civilización y cultura griegas, los dialectos desaparecen para dar paso a una lengua griega unificada y estándar: *he koiné diálektos*, es decir, 'la lengua común'. La *koiné* (cuya base esencial es el dialecto ático, muy poco simplificado) se extiende a todo el mundo helenístico desde fines del siglo IV a. C. Esa es la lengua que a lo largo de siglos evoluciona hacia el griego medieval y, luego, el griego moderno. La literatura en prosa de época helenística conoce un gran esplendor, con escritores como Plutarco, Luciano y los grandes retóricos de la llamada Segunda Sofística. De ese siglo II d. C., que es una época de brillante renacimiento de la cultura griega en Asia Menor, conservamos los extensos tratados médicos del famoso Galeno y, a la vez, en contraste, los breves y emotivos apuntes de su coetáneo el emperador Marco Aurelio.

No olvidemos que la *koiné* fue también la lengua del Nuevo Testamento y en ella quedaron traducidos todos los textos de la Biblia. Fue en la egipcia y cosmopolita Alejandría donde, ya desde el siglo II a. C., la extensa población de judíos entendía mejor el griego que el hebreo. El cristianismo adoptó el griego como lengua fundamental para la difusión de su doctrina. Más tarde, los llamados Padres de la Iglesia, en el siglo IV d. C. (san Basilio, san Gregorio, etc.), compusieron en griego sus extensos sermones. Fue la lengua de las homilías y de los concilios. Pero también la que usaron los últimos paganos, como los poetas de la *Antología Palatina*. Y en ella escribieron, en la misma época, el orador Libanio y su coetáneo el emperador Juliano, llamado «el Apóstata», autores prolíficos ambos.

Ese griego ya unificado fue la lengua oficial y común del Imperio romano de oriente, es decir, del mundo bizantino, hasta la conquista de Constantinopla por los turcos, a mediados del siglo XV. Bizancio mantuvo una brillante cultura y una extensa literatura religiosa y profana a lo largo de la Edad Media, desde himnos a textos filosóficos, novelas y crónicas históricas. Mas luego, tras la toma de Constantinopla, llega el eclipse definitivo y el griego deja de escribirse, aunque siguió siendo la lengua usada por la población griega sometida hasta la liberación de Grecia iniciado el siglo XIX.

Al renacer la escritura del griego, a lo largo del siglo XIX y parte del XX, se hizo evidente una tensión, una cierta falla o distancia lingüística entre sus dos variantes, con muy notables divergencias en su léxico y en su sintaxis, del idioma que ahora volvía a escribirse. De un lado estaba la lengua de los doctos, lengua más conservadora del griego clásico, la llamada *katharévousa*, la 'pura', y de otro la lengua popular, la *dimotikí*, 'la del pueblo', que había evolucionado hacia unas formas más alejadas del modelo antiguo. Esa contienda lingüística tuvo sus momentos de aguzado conflicto; pero se ha resuelto, como podía suponerse desde el inicio, con la victoria de las formas usuales en la lengua oral y popular, es decir, de la *dimotikí*.

II
Apuntes sobre la historia de Grecia

En un breve tramo histórico —desde el siglo VIII al IV a. C.—, los antiguos griegos, pobladores de las ciudades costeras del Egeo, conocieron muy variadas formas de gobierno —monarquía, aristocracia, tiranía y democracia— y no solo experimentaron sucesivamente esas formas políticas, sino que también reflexionaron sobre ellas, en su brillante literatura. La rápida evolución de la antigua sociedad griega nos parece no solo muy singular, sino a la vez paradigmática, aun a tantos siglos de distancia. Frente a imperios como los de Egipto o Asiria o Persia, la sociedad griega intentó avanzar (inquieta y progresista, en sus ideas y sus empeños), buscó caminos para procurar mayor libertad y justicia social, con un arrojo y una audacia intelectual admirables.

Conviene recordar que lo que nosotros llamamos Grecia (la Hélade) no existió como unidad histórica hasta muchos siglos después. En la época arcaica y la clásica los griegos vivieron políticamente desunidos en una serie de ciudades-estado (*poleis*), muy variadas en tamaño y en población, orgullosas de su libertad y autonomía, y esa fragmentación o desunión de los griegos es un factor fundamental para entender su historia, tanto en su apertura al mundo como en los numerosos conflictos bélicos entre ellas. Es importante subrayar también que en estas comunidades políticas, la mayoría con una población y extensión reducidas, y muchas veces en conflicto unas con otras, la actuación pública de sus ciudadanos, es decir, tanto la cohesión social como la iniciativa individual, era decisiva para el desarrollo comunitario.

Los griegos inventaron la teoría política a la vez que la narrativa histórica (no solo como un género literario, sino también como conciencia de su pasado). Ya antes que los grandes historiadores «profesionales» o los filósofos —Heródoto, Tucídides, Heráclito, Platón, etc.—, los poetas fueron los «maestros de verdad» en esa sociedad caracterizada por su afán de libertad mediante las conquistas de la tradición, la razón (*logos*) y el diálogo.

En estas páginas no pretendemos dar una síntesis de la historia política de la Grecia clásica, sino solo presentar algunos testimonios reveladores de la audacia con que los griegos fueron haciendo su propia historia. Intentamos recordar los momentos decisivos de ese proceso histórico que nos parece de enorme interés para una reflexión actual.

El tiempo de los héroes y la época arcaica

Podemos comenzar por la imagen épica que nos ofrece Homero, es decir, por los poemas homéricos. Son los primeros textos de la literatura europea, y los primeros que nos hablan de la sociedad griega. Sabemos, ciertamente, que no son documentos históricos, sino dos largos textos épicos. Evocan no el momento presente, sino un pasado memorable, un tiempo de grandes héroes y dioses. Son poemas extensos: algo más de dieciséis mil versos hexámetros tiene la *Ilíada* y unos trece mil y pico la *Odisea*. Pensamos que se compusieron a fines del siglo VIII a. C., pero dependen de una tradición poética anterior, y reflejan un pasado magnificado por la poesía. Temas y motivos se habían transmitido durante largo tiempo como poesía oral hasta quedar concretados en las dos extensas epopeyas y fijados por la escritura alfabética tal vez algo más tarde.

El alfabeto griego, que supone una modificación muy ventajosa del sistema de escritura fenicio, se había introducido y difundido en ese siglo VIII que marca decisivamente el final de la época anterior, cuando la poesía era oral, la «época oscura».

Ambas composiciones evocan con un intenso colorido poético un mundo anterior al de los aedos. La *Ilíada* habla de los héroes aqueos que combaten en torno a la amurallada Troya —en la costa del Asia Menor— y, tras el asedio y toma de la ciudad, regresan luego a sus reinos cruzando de nuevo el Egeo; no es este el de la época contemporánea del poeta, sino un mundo mítico. La veracidad del relato la garantizan las divinas musas que él invoca para que le inspiren en su canto. A lo largo de los siglos de la Edad Oscura, que va desde la destrucción de los palacios micénicos en el siglo XII a. C. hasta el nuevo impulso de la cultura helénica en los siglos IX y VIII a. C., en ese tiempo sin escritura, se ha ido formando el universo mítico que pervive memorable en la poesía épica. En la tradición oral se ha transmitido y magnificado ese repertorio fabuloso que habla de los grandes héroes y las glorias de antaño, y esa herencia culmina y toma forma definitiva en los poemas de Homero. (Hubo, sin duda, otros poemas épicos, que se han perdido).

Nosotros, gracias a la arqueología moderna, conocemos mejor que los aedos y con más precisión histórica muchos rasgos de la época anterior al derrumbamiento del mundo micénico. Sabemos que en ese mundo micénico hubo palacios espléndidos de amplias salas y colosales muros —en Micenas, Pilos, Tirinto—, y ahora podemos visitar las ruinas del gran palacio cretense de Cnossos. La arqueología nos permite también conocer que en él se mantenía una sólida organización monárquica, con un poder centralizado y numerosos siervos y dominios, controlados en las cuentas de los archivos, escritos en tablillas de barro mediante un silabario que, sorprendentemente, se perdió luego, cuando esas regias construcciones y sus murallas fueron destruidas. (Ese silabario que hemos llamado «lineal B» no se descifró hasta 1956 —lo harían M. Ventris y J. Chadwick—). Acaso la nostalgia de este mundo de una grandeza perdida, unida al culto de los grandes héroes y las narraciones de sus grandes gestas, sustentó y animó luego la tradición oral épica.

Homero, el genial poeta en que culmina esa tradición, el arquitecto del gran poema, es para nosotros el guía hacia ese universo perdido, que en sus versos se nos muestra con un esplendor notable y gran fuerza dramática. Nos ofrece, con sus héroes y sus dioses, la primera representación literaria de ese escenario heroico. El poeta no canta su presente gris, sino un pasado glorioso, de hazañas magníficas y memorables al que sus poemas darán una difusión panhelénica para muchos siglos.

La imagen que la poesía transmite no ofrece, en efecto, una precisión histórica. Mezcla datos de diversos momentos: los poemas evocan combates de una época anterior a la del poeta, fundamentalmente la micénica, donde se emplean armas broncíneas, si bien en el siglo VIII ya se utilizaban las de hierro. (En general, las armas son de bronce, pero de algún guerrero se dice que tiene «corazón de hierro»; se usan carros de guerra ante los muros de Troya, pero no en los combates, sino que sirven habitualmente para conducir al escenario de la lucha a los héroes, etc.). El poeta quiere reflejar una época pasada, pero no era un historiador. Nosotros sabemos —desde las excavaciones de H. Schliemann, y ahora mucho mejor que hace siglo y medio— que hubo, cerca del Bósforo, una ciudad parecida a Troya que fue destruida por guerreros venidos del mar, probablemente los micénicos, ansiosos de botín (una ciudad ahora enterrada en un montón de nueve Troyas), y podemos visitar sus ruinas.

Tal vez fue una expedición micénica la que destruyó Troya, vecina del Imperio hitita, pero es muy dudoso que tuviera más de mil naves como la que acaudilla el atrida Agamenón, rey de Micenas. Es probable que fuera en busca de botín y saqueo, y no para recobrar a una bella princesa raptada. Pudo ser tal vez una de las últimas empresas de los belicosos micénicos, aventureros del mar, próximos ya al ocaso de su imperio. No importa decidir si la destruida por esos piratas aqueos fue la Troya VI o la VIIa, basta pensar que la poesía homérica refleja a su manera un trasfondo histórico. En todo caso, la Troya épica es más impresionante que esas ruinas. La poesía ha magnificado los recuerdos. Y la ha poblado de figuras inolvidables como Héctor, Paris, Príamo y Helena, Hécuba y Casandra.

Y, con todo, la épica da algunas pistas sobre los cambios de la sociedad antigua. Confrontemos nuestras imágenes de la *Ilíada* y la *Odisea*. Tomemos, como punto de partida, las figuras de sus héroes. Aquiles es el paradigma del héroe antiguo, hijo de una diosa y de un rey, el mejor en el combate y ansioso de *kleos*, la gloria personal. Pero Héctor es otro tipo heroico, más moderno; pelea por su patria, incluso sabiendo que va a morir en su defensa. En ese «morir por la patria» anticipa un ideal cívico. Y otro héroe distinto es Ulises, al que en el primer verso de la *Odisea* se define como *polytropos*, 'el de muchas tretas' o 'de muchas vueltas', un epíteto que no tiene ningún otro guerrero, pues realmente no es un calificativo propio de ellos. (Aquiles o Ayante son todo lo contrario, héroes monolíticos e inflexibles). Y es que —percibimos desde el comienzo del poema que lleva su nombre— Odiseo es un tipo más moderno, un sagaz aventurero que logra triunfar no por la fuerza, sino por su singular astucia. Fue un buen luchador en la guerra, y decisivo, pues se tomó Troya gracias a su inventiva, ya que él ideó el truco del gran caballo de madera. Pero para regresar a su isla de Ítaca cruzando el laberinto marino con un dios en contra y vencer al cíclope y a las magas, para visitar y volver del tenebroso mundo del Hades no basta el valor o *areté* del guerrero; el mundo de las aventuras requiere *metis*, 'astucia'.

Está claro que la *Odisea* resulta más moderna que la *Ilíada*. Seguro que a los oyentes de esos siglos en que los griegos colonizaban el Mediterráneo y el mar Negro, el relato odiseico les parecía mucho más seductor que los duelos a lanza de la *Ilíada*. Cuántos se echaron al mar pensando en volver luego, ricos y expertos, como Ulises; amigo de la trampa y presto al disfraz, es el modelo de los aventureros helenos. La *Odisea* concluye en un merecido final feliz.

Pero es un *happy end* con algunas sombras. Ulises tuvo ciertas desdichas: perdió sus doce naves y a todos sus compañeros en el regreso (en parte por la insensatez de los mismos) y, para luego recobrar su trono, tuvo que masacrar sin piedad a todos los pretendientes que acosaban en Ítaca a su esposa Penélope, una matanza que ocasionó una revuelta en la isla, solo solventada por la intervención de la diosa Atenea. Claro que siempre hay un dios amigo, Atenea o Hermes, que presta oportuna ayuda al héroe o al rey para mantener su poder y dar así conclusión gozosa, el citado *happy end*, a su aventura.

Ciertamente, en la epopeya los héroes eran casi todos reyes, aunque pronto queda en evidencia que a menudo tenían ya problemas para mantener su autoridad personal. Pero ya en pleno siglo VIII, un período de grandes cambios en la sociedad griega, los reyes han desaparecido; algunos conservan ese título, como en Esparta, pero con poderes muy limitados. Ya Hesíodo, al calificar a los reyes de «devoradores de regalos» (*basileîs dorophágoi*) habla de sus «torcidas sentencias», expresando así una queja que debió de ser extendida. Ya en esa época la mayoría de ciudades quedan gobernadas por unas cuantas familias nobles, miembros de oligarquías o aristocracias de prestigio, poseedores de amplias tierras, que tratan de monopolizar y mantener su poder ocupando los cargos y dominando así al resto de la ciudadanía.

Los avances de la edad arcaica: la colonización, la moneda y los hoplitas

Hay tres factores que van a cambiar decisivamente esta situación política: primero, el aumento de la población que, en zonas de escasa riqueza, impulsa a la colonización y el comercio; luego la introducción de la economía monetaria (la moneda se había inventado en Lidia); y, por otro lado, la aparición de un nuevo tipo de ciudadanos con armadura propia: los *hoplitas*. Los hoplitas forman un cuerpo de infantería con completa armadura metálica que aportan una nueva táctica de combate. Avanzan en filas prietas, codo a codo, con sus corazas y cascos, escudos y lanzas, en formación cerrada que expresa bien la contundente unidad de los ciudadanos. Ya no hay lugar para los héroes solitarios como los de la épica. Cada ciudadano de clase media se paga su armadura y marcha al combate por su ciudad junto a sus vecinos. Atrás quedan los héroes míticos.

También la difusión del comercio y de la moneda suponen un gran revés para los aristócratas que basan su poder en la posesión de tierras. Ahora aparecen los nuevos ricos, comerciantes enriquecidos. Para triunfar en esa sociedad ya lo decisivo es la riqueza, no la estirpe noble. Algunos poetas, como Teognis, dejan oír sus quejas reaccionarias: «La moneda mezcla las clases», «Para la masa de la gente solo hay una clase de excelencia: ser rico», «No en vano los hombres te honran tantísimo, Pluto, pues encubres con holgura la maldad».

Al tiempo que declina la aristocracia de viejo cuño, surge potente una nueva mentalidad cívica, la de los ciudadanos que con orgullo patrio luchan a pie firme y en formación compacta, por su ciudad. En algunos poetas arcaicos, como Tirteo de Esparta y Calino de Éfeso, hallamos una cálida expresión del coraje patriótico del hoplita:

> No hay hombre de más valía en el campo de guerra
> que el que se atreve a arrostrar la matanza sangrienta
> y marcha a enfrentarse cara a cara al feroz enemigo.
> Esa es la virtud, esa es entre los hombres la máxima gloria,
> y el máximo premio al alcance de un joven guerrero.
> Un bien común a la ciudad y al pueblo entero es
> el hombre que, erguido en la vanguardia, se afirma
> sin descanso, y olvida del todo la fuga infamante,
> exponiendo su vida con ánimo audaz y sufrido,
> y enardece con sus palabras al que combate a su lado. (Tirteo, 9D)

Los héroes de la épica de mítico abolengo y ansiosos de gloria pertenecen al pasado. Ahora el combatiente modelo es el ciudadano, el hoplita que a pie firme lucha por su patria codo a codo con sus compañeros en la primera fila del batallón. Con razón, pues, los hoplitas reclaman su parte de poder en la *polis*.

Al margen de esos defensores unánimes de la patria aparecen otros guerreros: los mercenarios, profesionales del combate que luchan por la paga y el botín. El caso más notable es el de

Arquíloco de Paros, que se presenta con un profesional de la guerra, además de poeta. Un tipo cínico, que en sus versos reconoce sin vergüenza que abandonó su escudo, la falta más grave contra el honor en la ética de los hoplitas (Frgs. 1, 2 y 6D):

Soy yo, a la vez, servidor del divino Enialio
y conocedor del amable don de las Musas.

En la lanza tengo mi pan negro, en la lanza
mi vino de Ismaro, y bebo apoyado en mi lanza.

Algún Sayo alardea con mi escudo, arma sin tacha,
que tras un matorral abandoné, a pesar mío.
Puse a salvo mi vida. ¿Qué me importa aquel escudo?
¡Váyase al diantre! Ahora compraré otro no peor.

El ambiente de guerreros que evoca este poeta (hijo de un noble de Paros y una esclava, según la tradición) queda lejos del mundo heroico donde el *kleos*, la fama, el renombre glorioso, era el premio de la *areté*, en la época que E. R. Dodds calificó de «cultura de la vergüenza». Ahora no se lucha por el honor, sino por la patria o la paga.

(Recordemos, aunque sea en un breve paréntesis, que los siglos VII y VI son los que marcan el comienzo de la lírica personal, que va unida a lo que se ha llamado «el descubrimiento del yo», es decir, la expresión de la subjetividad en la poesía. Junto a Arquíloco, hay que recordar a Safo, Alceo, Teognis, etc. Es una poesía que no canta ya las glorias o desdichas del pasado, sino las vivencias o experiencias íntimas del poeta —que puede ser una mujer de exquisita sensibilidad, como Safo— en su contexto actual, conflictivo y acaso en un dolorido sentir frente a la sociedad de su momento).

La colonización

Junto a la consolidación de las *poleis*, con su cuerpo de ciudadanos y sus leyes propias, con su ágora y sus templos, se caracteriza al siglo VIII como la época de «la colonización». Las costas del Mediterráneo y las del mar Negro se vieron pobladas por emigrantes griegos que establecieron sus comunidades en los parajes más favorables. Acaso el término *colonización* no sea muy ajustado a ese fenómeno, que difiere de la colonización moderna porque las numerosas ciudades fundadas de un extremo al otro del Mediterráneo se transformaron pronto en núcleos independientes, por más que algunas conservaran lazos religiosos o familiares con la *polis* de sus fundadores. En todo caso, la expansión griega en las costas mediterráneas —que comenzó, ciertamente mucho antes, con la emigración jonia y eolia a las costas de Asia Menor— desde el siglo VIII al VI cobró una enorme importancia tanto para la economía y el comercio como para la difusión de la cultura griega. Como se ha dicho, «Grecia cambió de una sociedad pobre, agrícola, aislada, estática, confinada a la Grecia peninsular y la costa de Asia Menor, a un mundo rico, pero fragmentado, cuyos asentamientos se extendían desde el sur de Francia al norte de África y de Egipto al sur de Rusia». El floreciente comercio y la mejora técnica de las embarcaciones facilitaron esa expansión acelerada.

Muchas ciudades con tierra escasa y pobre y agobiante exceso de población enviaron emigrantes al otro lado del mar. Al éxodo de los colonos forzados por la pobreza se añadía, claro está, el de los comerciantes, los exiliados, los aventureros en busca de fortuna. Al sur de Italia y Sicilia —la llamada Magna Grecia— llegaron gentes de Calcis y Eretria y Corinto. Los corintios fundaron una colonia en

Corcira en el mar Adriático y la ciudad de Siracusa en Sicilia, que fueron pronto ricas y poderosas. Los aqueos fundaron Metaponto, Crotona y Síbaris en Italia. Más allá los focenses se asentaron en el sur de Francia en Massilia (Marsella). Mileto estableció varias colonias en las costas del mar Negro: en Sínope, Trapezunte y Olbia (la moderna Odessa). Etcétera.

Ni Atenas ni Esparta fomentaron la emigración, pues una y otra eran ciudades con territorio bastante extenso. Con todo, es interesante mencionar que Atenas fundó una de las últimas ciudades del sur de Italia: Turios (en 445, por iniciativa de Pericles), que admitía como ciudadanos a griegos provenientes de cualquier parte.

La época arcaica, es decir, los siglos VII y VI a. C., con todos esos cambios, resultó un tiempo muy conflictivo y de luchas sociales fuertes en muchas ciudades. Conocemos, sobre todo, los que afectaron a las dos *poleis* mayores, Esparta y Atenas, que marcaron el futuro de ambas con soluciones notablemente opuestas.

Esparta

En Esparta, la famosa reforma atribuida a Licurgo —figura de un cierto halo mítico del siglo VII— definió su constitución política de corte conservador y determinó toda su trayectoria futura. Según la *Gran Retra*, de fecha y autoría imprecisas, el poder quedó repartido entre dos reyes, el consejo de ancianos (*Gerousía*), un pequeño grupo de magistrados, los éforos, y la asamblea de los «iguales» (*Homoioi*), que se convirtieron en un cuerpo de élite con sus vidas dedicadas por completo a la formación militar al servicio del Estado. Este grupo de ciudadanos residía en la ciudad de Esparta y desde un comienzo cada uno tenía asignado un lote o porción de tierra, que se heredaba y no podía alienarse. Esparta dominaba un amplio territorio de más de 5.000 kilómetros cuadrados en el amplio valle central de Laconia y la vecina y fértil llanura de Mesenia, adquirida por conquista en el siglo VII. Solo los espartíatas eran auténticos ciudadanos; el resto de la población, bastante más numerosa, carecía de derechos cívicos. Estaba formada por los *periecos* y los *hilotas*, sometidos unos y otros, pero los últimos vivían prácticamente esclavizados tras la conquista de Mesenia. Estas gentes trabajaban las tierras de los espartíatas, que se dedicaban por completo a su preparación guerrera. De tal modo el estado espartano se convirtió en una especie de campamento militar cuyo objetivo básico era la formación de un ejército disciplinado para la autodefensa, extremando las virtudes del patriotismo y la camaradería de compañeros de armas. La concentración en el dominio militar regía la educación de los espartanos desde la niñez, desatendiendo otros aspectos culturales. En Esparta no se utilizaba la moneda (en todo caso, solo se admitían las de hierro, y estaban prohibidas las de plata), y no se desarrolló ni el comercio ni el urbanismo, como en otras ciudades. Fue una polis muy poderosa por su imponente ejército, pero con grandes tensiones internas y varada en su anquilosada estructura política.

Atenas. Solón y Pisístrato

En claro contraste, la evolución política de Atenas presenta una admirable flexibilidad, al avanzar desde la oligarquía a la democracia, gracias a la actuación de grandes personajes que determinaron el rumbo de una ciudad abierta y «progresista». Decisivas fueron dos figuras memorables en el siglo VI: Solón y Pisístrato, políticos tan distintos como, paradójicamente, complementarios. El primero, un sabio legislador; el segundo, un tirano de poderosa impronta, más bien progresista.

Solón fue legislador a la vez que poeta elegíaco, y mereció figurar en la lista de los denominados Siete Sabios. Introdujo sus reformas en la constitución ateniense siendo arconte en 594 a. C. Se ofreció como un mediador entre las dos grandes facciones enfrentadas: los ricos propietarios de tierras y los ciudadanos de escasa fortuna, condenados a menudo por deudas y amenazados con la esclavitud y el destierro. Intentó una legislación equilibrada que contuviera la ambición de los oligarcas y las ansias revolucionarias de los otros. Prohibió la esclavitud por deudas y restituyó a los campesinos sus tierras empeñadas, ofreció una amnistía a los exiliados y cuidó de que los tribunales atendieran las quejas de los oprimidos, de modo que el *demos* quedara siempre protegido de los abusos de los poderosos. Censó a la población en cuatro clases: los *pentacosiomédimnoi* (los más ricos, que cosechaban al menos quinientas medidas de grano por año), los *hippeîs* o «caballeros» (trescientas medidas), los *zeugitai* (doscientas, o un par de bueyes) y los *thetes* (los de menores ingresos). No obstante, los altos cargos del gobierno —magistraturas como el arcontado y los puestos en el Areópago— quedaban en manos de los ciudadanos de las primeras clases. Por tanto, la aristocracia mantenía su poder y prestigio tradicional, aunque la asamblea popular, la *ecclesía* y, por tanto, el *demos*, tenía poder decisivo en las grandes cuestiones, a partir de las propuestas de la *Boulé* (el Consejo de los Cuatrocientos), que él estableció. Se negó a las peticiones populares de un reparto de tierras, trató de fomentar los trabajos de los artesanos, estimuló la exportación del aceite del Ática, protegió el comercio y reformó la moneda.

De acuerdo con las ideas que expuso en sus poemas, Solón se esforzó en evitar los abusos y las ansias excesivas de unos y otros. Según él, el hartazgo produce *hybris* y esta lleva a la violencia y la lucha civil, que trató de sofocar. Pero su afán de alcanzar un equilibrio no consiguió contentar del todo a ninguno de los sectores enfrentados. Tanto los aristócratas como los demócratas querían más, de modo que en la ciudad no tardaría en resurgir el enfrentamiento entre los unos y los otros. Los logros de Solón fueron, no obstante, evidentes: con sus leyes dejó un camino abierto a las reformas posteriores en favor del *demos*: a los avances de Pisístrato y luego de Clístenes. El filósofo Aristóteles, a larga distancia, lo elogió como precursor de su teoría de las ventajas cívicas del término medio y la clase media. Plutarco, varios siglos después, le dedicó una biografía que reconoce bien su sabia moderación[2].

Atenas conoció unos lustros de nuevos disturbios, hasta que otro personaje excepcional vino a frenar los excesos de los aristócratas y a atender las quejas del pueblo, consiguiendo la concordia ciudadana y la pujante expansión económica con mano férrea: el tirano Pisístrato. Notemos que esa nueva forma de ejercer el poder, la tiranía, se había practicado ya con cierto éxito en otras prósperas ciudades griegas. Tiranos famosos fueron Cípselo y su hijo Periandro en Corinto, Trasibulo en Mileto, Pítaco en Mitilene y Polícrates en Samos. Puede detectarse una clara relación entre la pujanza económica de las ciudades y la aparición de esas tiranías, que actuaron en favor de la unidad cívica, frenando el poder oligárquico y favoreciendo el del *demos*.

Resume bien la situación Francisco Javier Gómez Espelosín:

> Las oligarquías dominantes habían fracasado en la resolución de los conflictos, ya que no supieron poner fin al creciente

[2] «El objetivo de las reformas era claro. Los *eupátridas* perdieron la exclusividad del poder, que ahora tenían que compartir con nuevos ricos sin genealogía ilustre... Los pequeños propietarios, que constituían buena parte de la población total del Ática y eran los componentes de la falange hoplítica que defendía la ciudad, recibían su participación en el gobierno de forma significativa, aunque eso no suponía el final del predominio de los *eupátridas*. Por último, el *demos*, que representaba a la mayoría de la población, era reconocido como parte integrante de la ciudadanía y adquiría así un papel político, aunque todavía muy reducido. La *polis* ateniense comenzaba así a tomar forma y el sentido de comunidad política, apoyado en las libertades personales y en la existencia de un código de leyes accesible a todos, comenzaba a hacerse realidad». (F. J. Gómez Espelosín. *Introducción a la Grecia antigua*, Madrid, Alianza, 2014, pp. 148-149).

endeudamiento de una buena parte de la población campesina que constituía la espina dorsal de las ciudades, no ofrecieron perspectivas de mayor participación política a los nuevos sectores de población, ni fueron capaces de resolver sus propios enfrentamientos internos que debilitaban a la comunidad...

Los tiranos, en cambio, ofrecieron soluciones mediante una política exterior activa y emprendedora que afianzaba la posición de sus ciudades, mediante conquistas militares o alianzas matrimoniales con otros tiranos. Fomentaron el espíritu cívico y una conciencia de comunidad cívica más solidaria, gracias a las importantes obras públicas que emprendieron, como la construcción de templos, calzadas o túneles y la instauración de espléndidos festivales religiosos. El *demos* se consolidó primero desde un punto de vista económico gracias al impulso dado al comercio y a la artesanía y posiblemente también al apoyo a los pequeños propietarios rurales a través de préstamos, y segundo desde un punto de vista social, ya que se sintió más integrado en la comunidad. (o. c., pp. 200-201).

La actuación de Pisístrato se adecúa bien al esquema general de las tiranías de esa época. Logró conquistar el poder, en un tercer intento, tras derrotar a sus oponentes en la batalla de Palene (545 a. C.), y se mantuvo en él protegido por una guardia personal. Con ambición y gran talento político supo ganarse pronto el apoyo del *demos*, es decir, de los campesinos que servían como hoplitas en el ejército[3], que él reforzó con algunos

[3] «La figura del ejército ateniense, cuyos soldados portaban una lanza en la mano derecha y un escudo en la izquierda con los que se cubrían tanto a sí mismos como a sus compañeros, se ha usado largamente como imagen de la democracia ática. Y probablemente así fuera. Pero es tanto la imagen de un pueblo como la de un ejército. Cada hombre guarda a su vecino, como es guardado por él. La supervivencia del individuo depende de la supervivencia de todos. La cobardía y la deserción tan solo llevarían a la destrucción inmediata

mercenarios. Logró una victoria muy importante en la guerra contra Mégara, conquistando la isla de Salamina. Respetó las leyes de Solón, y favoreció la artesanía y el comercio (impulsando el de la ruta al mar Negro), y, de manera espectacular, fomentó las obras públicas en el centro de Atenas, construyendo fuentes públicas como la llamada «de los Nueve Caños». Edificó el primer gran templo de Atenea en la Acrópolis e inició el de Zeus olímpico, y levantó los altares a los Doce Dioses en el ágora, además de renovar otros santuarios. Fomentó varios cultos religiosos y especialmente grandes festivales de carácter cívico, para reunir a la comunidad. Dio un notorio esplendor a las fiestas Panateneas, que se celebraban cada cuatro años, con sus famosas procesiones. En ellas se recitaban los poemas de Homero y se daban como premio en los juegos las ánforas panatenaicas. En el marco de una fiesta religiosa y cívica en honor de Dioniso, dios popular del vino y la máscara, fundó las representaciones dramáticas anuales de las Grandes Dionisias.

Y en ese contexto nació en Atenas el teatro, fiesta espectacular para toda la ciudadanía, y allí, hacia 534, escenificaría las primeras tragedias Tespis, autor, actor y director de escena. (Tespis es para nosotros poco más que un nombre. Luego las representaciones trágicas se hicieron más solemnes y a ellas se añadirían las de comedias decenios más tarde).

Pisístrato promocionó también los cultos populares de diversos santuarios del Ática, como los de Deméter en el *teleuterion* de Eleusis y los de Ártemis en Braurón. Estimuló la memoria de héroes como Heracles y Teseo, y purificó el santuario de Apolo en Delos.

---

de la unidad entera». (A. Pagden. *Pueblos e imperios*, Barcelona, Random House, 2015, p. 30).

Pisístrato había encontrado Atenas como una pequeña ciudad. Él iba a dejarla convertida en una ambiciosa metrópolis con bellos monumentos. Mientras que la nueva prosperidad y la centralización quebraron en gran medida la pujanza de la antigua aristocracia, aumentaron el poder y la importancia política de los nuevos ricos, y también la de los hoplitas y de las clases inferiores. Pisístrato y luego sus hijos atrajeron a algunos expertos artesanos y los admitieron como nuevos ciudadanos, como hicieron también con algunos de sus partidarios, otra medida para reducir en la ciudad el predominio de los antiguos clanes oligárquicos. Con los recursos mineros de las nuevas minas de Tracia, en poder de Atenas, empezaron a acuñarse monedas de plata con la imagen de la lechuza, símbolo de Atenas, es decir, las dracmas que serían pronto un muy difundido emblema de la riqueza y solvencia económica de la ciudad.

El gobierno de Pisístrato marcó una larga etapa de paz y prosperidad, tanto política como económicamente. Cuando murió, en 527, fue sucedido por sus dos hijos, Hipias e Hiparco, que gobernaron unos años con un talante moderado, en línea con los designios de su padre. Así lo hicieron hasta que Hiparco fue asesinado, en 514. A partir de entonces Hipias endureció su tiranía, después de ejecutar a los asesinos de su hermano, Harmodio y Aristogitón. Pero no tardó en alzarse contra él una indignación popular que le obligó a exiliarse, en 510, y el fugitivo Hipias abandonó Atenas y fue a buscar refugio oportuno nada menos que en la corte del rey persa. Mientras que en Atenas los matadores de Hiparco, los dos tiranicidas, fueron vistos como liberadores y mártires del anhelo de libertad. Y, elevados al rango de héroes locales, fueron representados en una memorable escultura colocada en el ágora.

Así acabó la tiranía. Como en otras ciudades, ese régimen surgido de un acto de violencia no logró durar mucho más allá de la vida de su fundador. Los reyes, según la antigua creencia, estaban bajo el amparo de Zeus. Pero los tiranos, a pesar de cuidar de fomentar la religión y los cultos locales, no lograron casi nunca prolongar su poder más de una generación. La tiranía, en Atenas como en otros lugares, marcó una etapa de transición entre el dominio aristocrático y la pujante democracia. Pero en este período, de expansión económica y auge urbanístico, Atenas afianza su esplendor.

Los comienzos de la democracia ateniense

En efecto, al concluir el siglo VI y a comienzos del V surgieron en Atenas las figuras políticas que con sus reformas darán los pasos decisivos para el triunfo de su democracia. Fueron audaces políticos como Clístenes y Efialtes, un genial estratego como Temístocles, y, tras el ostracismo de este, Pericles quienes decidieron el auge de la *polis*.

Clístenes procedió a una auténtica remodelación y reestructuración del espacio cívico ateniense. Dividió el territorio del Ática en treinta unidades o secciones denominadas *tritias* (tercios), y constituyó diez nuevas tribus distribuyendo las tritias en diez grupos. Cada una de estas nuevas tribus contenía tres *tritias*, procedentes de cada una de las tres regiones del territorio: ciudad, costa y zona interior (*pedíon*, *paralia* y *mesógeion*). Cada tritia contenía a su vez unidades territoriales menores, llamadas *demos*. Su objetivo principal era eliminar o aminorar los vínculos de clientela regional y asentar la unidad de la ciudad sobre bases completamente nuevas, ya que con la división en *demos* había

> conseguido integrar en la estructura cívica a aquellas gentes que no formaban parte del *demos* ateniense con anterioridad. Ahora cada individuo se identificaba añadiendo a su nombre el del *demos* respectivo. De esta forma campesinos pobres y artesanos venidos del exterior podían acceder ahora al conjunto de la ciudadanía por medio de las nuevas agrupaciones.
>
> Clístenes remplazó también el antiguo consejo de la *Boulé* de Solón por otro organismo con el mismo nombre, pero compuesto ahora de quinientos miembros, cincuenta por tribu y ahora elegidos por sorteo (Gómez Espelosín, o. c., pp. 154-155).

Los avances de la democracia se completaron luego con otra medida decisiva. El tribunal del Areópago, compuesto exclusivamente por miembros de la aristocracia, vio desmoronarse su influencia política, tras la intervención contundente de Efialtes. Quedó solo como tribunal para juzgar las cuestiones penales más graves, como reliquia venerable.

La asamblea se convirtió en el órgano fundamental para las grandes decisiones. Allí los *thetes*, combatientes en la flota de Salamina, votaban con plenos derechos. Y solo algunos cargos, que requerían saberes técnicos, como los tesoreros y estrategos, eran elegidos por méritos, anualmente. La mayoría lo eran por sorteo y con duración muy limitada. En tiempos de Pericles se decidió dar un pago a la asistencia a la asamblea y a los tribunales, de modo que incluso los ciudadanos más pobres, al recibir ese jornal —*misthophoría*—, pudieran disponer de tiempo para atender a sus servicios políticos.

La democracia funcionaba a pleno rendimiento en aquella Atenas que se había convertido en la «escuela de Grecia», una auténtica metrópolis tanto por su comercio como por su cultura. La capital ática era como un imán para artesanos y comerciantes, y también para artistas e intelectuales, tanto de Oriente

PLANO DE LA ATENAS CLÁSICA

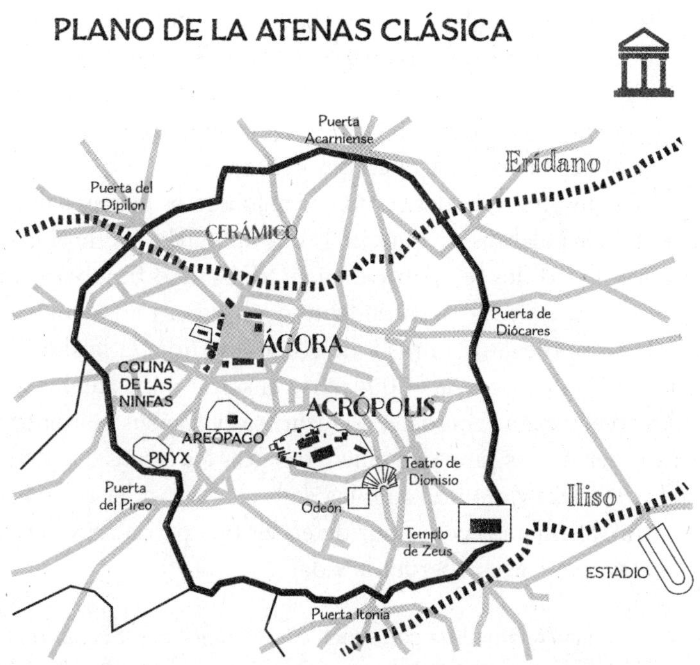

como de Occidente, atraídos por su riqueza y sus oportunidades de patrocinio público y privado. Sus espléndidas obras públicas y su inquietud generosa atraían hacia Atenas a figuras como Hipódamo de Mileto, el planificador del Pireo, a artistas como Fidias, a filósofos como Anaxágoras y sofistas como Protágoras, y Gorgias de Leontinos e Hipias de Élide, y a un gran viajero como el historiador Heródoto. A mediados del siglo V la democracia había logrado hacer de Atenas, bajo la dirección de Pericles, el centro fascinante de Grecia.

Auge y ocaso de la Atenas democrática

Resulta espectacular y trágico el devenir histórico de Atenas a lo largo del siglo v a. C. La ciudad alcanza su gran esplendor y luego su ocaso en el marco de dos decisivos episodios bélicos: la resonante victoria frente a los persas al comienzo y la derrota final en la desastrosa guerra contra Esparta.

Pero quisiera recordar como proemio a estos párrafos unas memorables palabras de Pericles (es decir, palabras que el historiador Tucídides le atribuye en su «Discurso fúnebre» de 429 a. C.). Es un tanto sorprendente —y a la par muy significativo de su nobleza de miras y de cómo entendía él la significación de la democracia— que, para ensalzar a los atenienses caídos en el reciente combate, no recurre a evocar sus nombres y méritos personales, sino que quiere destacar los rasgos que definen la grandeza y nobleza anímica de la ciudad por la que ellos lucharon, afirmando cómo por defender una patria así valía la pena arriesgar y acaso perder la vida.

> Amamos la belleza con sencillez y amamos el saber sin relajación. Nos servimos de la riqueza más como oportunidad para la acción que como pretexto para la ostentación, y entre nosotros no es motivo de vergüenza para nadie reconocer su pobreza, sino que lo es más bien el no hacer nada por evitarla. Las mismas personas pueden dedicar a un tiempo la atención a sus asuntos particulares y a los públicos, y gentes que se dedican a diversas actividades tienen suficiente criterio con respecto a los asuntos públicos. Somos, en efecto, los únicos que a quien no participa en esos asuntos lo consideramos no un despreocupado, sino un inútil; y nosotros mismos cuando menos exponemos nuestra reflexión sobre los asuntos, o los estudiamos puntualmente, porque, en nuestra opinión, no son las palabras un perjuicio para la acción, sino, por el contrario, lo es el no informarse por medio de

> las palabras antes de acometer lo necesario mediante la acción. También nos distinguimos en que somos extraordinariamente audaces a la vez que hacemos nuestros cálculos sobre las acciones a emprender, mientras que a los otros la ignorancia les da coraje, y el cálculo indecisión. Y justo es que sean considerados los más fuertes de espíritu quienes, sabiendo perfectamente las penalidades y los placeres, no por eso se apartan de los peligros. Y en cuanto a la generosidad somos distintos de la mayoría, pues nos ganamos amigos no recibiendo favores, sino haciéndolos.
>
> ... Resumiendo, afirmo que nuestra ciudad es, en su conjunto, una enseñanza para Grecia, y que cada uno de nuestros ciudadanos como individuo puede mostrar una personalidad suficientemente capacitada para las más diversas actividades con una gracia y una habilidad extraordinarias. (Traducción de J. J. Torres).

Hay en estas palabras de Pericles (es decir, según escribió Tucídides) dos rasgos que aún admiran y conmueven: de un lado, ese emblemático empeño cívico: «amar la belleza y el saber a toda costa y sin fisuras»; y, de otro, la insistencia de que toda la ciudad, solidariamente, participa sin trabas en ese empeño, sin que la riqueza o la pobreza sean un aliciente o un obstáculo para esa colaboración. Solo se queda al margen quien se margine por su cuenta, el despreocupado, el *idiotes*. Todo individuo puede integrarse en esa reflexión y esa acción posterior que contribuye a la grandeza de Atenas, que sirve de ejemplo educador —*paídeusis*— para toda la Hélade.

Las guerras médicas

El siglo V a. C. es la etapa de esplendor de la democracia en Atenas. Una época que se enmarca entre dos guerras: la primera culmina en la doble victoria de los atenienses sobre los invasores persas (en 490 y 480); la segunda, la llamada «guerra del Peloponeso» (430-404), acaba con la derrota, trágica, de Atenas y la victoria de Esparta. Apuntemos los datos más significativos:

En 499 algunas ciudades de la costa jonia se sublevaron contra la dominación persa. Mileto solicitó la ayuda ateniense y Atenas envió una flota de veinte navíos. Los sublevados incendiaron la ciudad de Sardes, capital de Lidia; luego fueron derrotados por la flota persa. El rey Darío, al saber la noticia, ordenó arrasar la jonia Mileto y decidió tomar venganza ejemplar de los atenienses. Para ello mandó una expedición en 490, que saqueó primero Eretria, y desembarcó sus tropas en la playa de Maratón, en el noroeste del Ática. Contra todas las predicciones los atenienses presentaron batalla y derrotaron al gran ejército persa. Allí murieron 6.000 persas y 192 atenienses. La flota persa no se atrevió ya a atacar Atenas y se retiró.

La segunda acometida de los persas se hizo esperar diez años. En 480 ya Darío había sido sucedido por su hijo Jerjes, quien esta vez logró cruzar el Helesponto al frente de un inmenso ejército, tan numeroso como nunca se había visto en la Hélade. (El historiador Heródoto calculaba cinco millones de efectivos; pero los actuales lo cifran en unos doscientos o trescientos mil soldados). Y por mar avanzaba costeando las tierras griegas una enorme flota. En vano los espartanos intentaron detener la avalancha en el estrecho paso de las Termópilas. Allí murieron los trescientos con su rey Leónidas y tres o cuatro mil aliados. Los atenienses, viéndose incapaces de sostener una batalla en tierra contra un enemigo tan tremendamente superior en número, abandonaron Atenas y refugiaron sus tropas en las naves y llevaron a sus familias al otro lado del golfo de Corinto. Los persas tomaron fácilmente la polis y arrasaron la Acrópolis.

Pero Atenas, gracias a la previsión de Temístocles, estaba provista de una buena flota que aguardaba a los mucho más numerosos barcos persas en los estrechos de la isla de Salamina. Hacia ellos los atrajo, y, mediante un hábil engaño, consiguió que los navíos enemigos se adentraran en los angostos pasos entre la isla y la costa. Pero la flota griega no iba a emprender la fuga, sino que en las primeras luces del alba, con sus marinos entonando el peán, lanzó su ataque contra los bajeles persas, que en su excesivo amontonamiento y encajados en los estrechos, se veían entorpecidos en sus maniobras, y ante la briosa acometida de los griegos entrechocaban y se hundían. La victoria ateniense fue aplastante. El rey Jerjes, desde un promontorio costero, observaba consternado la catástrofe y la fuga de los restos de su gran armada.

Unos meses más tarde, en la batalla de Platea, el ejército griego que acaudillaba el rey espartano Pausanias venció también por tierra a la hueste del persa Mardonio. Los derrotados supervivientes emprendieron una pronta fuga. Poco después, en 479, la escuadra ateniense, dirigida por Cimón, hijo de Milcíades, logró una nueva victoria naval sobre los restos de la flota persa en la cercanía de la costa asiática, frente al monte Mícale.

Las repercusiones de la clara victoria sobre el inmenso poderío persa fueron de amplia resonancia. Por un lado, la experiencia de las llamadas «guerras médicas» logró que los griegos pasaran a verse como un grupo homogéneo que compartía creencias y valores fundamentales, que los distinguían de los «bárbaros» persas. En el centro del nuevo espíritu panhelénico figuraban dos motivos: el compromiso con la *eleuthería* —la libertad política— y la obediencia al *nomos* —la ley—. Estos valores eran opuestos a los de los persas, que vivían sometidos a un gobernante autocrático al que debían obediencia absoluta (por tanto, no eran libres).

La ideología panhelénica tuvo una historia muy larga. El lema «libertad para los griegos» resonaría a lo largo de los siglos siguientes. Lo usaron, en efecto, los griegos contra los persas, luego los espartanos contra los atenienses, y más tarde, ya de modo aún más cínico, el rey Filipo y después los romanos. Esa propaganda de la defensa de la libertad mostró una capacidad persistente para justificar la agresión y la conquista. Fue crucial en la evolución de la historia griega del siglo V a. C., y en el desarrollo de la historiografía.

Una democracia con aires de imperio

Por otra parte, de manera muy evidente, los atenienses supieron recoger los grandes frutos de su victoria para construir un imperio marítimo con su hegemonía indiscutible en el Egeo, a través de una alianza militar, la llamada Liga de Delos. Se trataba de una confederación que reunía, bajo la jefatura de Atenas, una serie de ciudades de esa zona marítima, con el objetivo de mantener su libertad frente a la amenaza del vecino Imperio persa, y, en caso de agresión, tomar venganza mediante la gran flota dirigida por Atenas. En principio todas las *poleis* aliadas tenían el mismo derecho al voto, pero, dado lo costoso de la flota, las ciudades e islas que por su menor tamaño no podían contribuir con barcos propios pagarían un tributo para el fondo común, un tesoro que, en principio, estuvo en la isla de Delos, pero que luego (en 454) fue trasladado a Atenas. Esa contribución financiera era un tributo anual constante y constituyó un importante capital económico cuyos fondos quedaron muy pronto controlados por los atenienses, que aportaban la casi totalidad de los navíos de la flota. (Solo aportaban sus barcos Lesbos, Quíos y Samos).

Esparta comandaba la Liga Peloponesia y no tenía barcos ni grandes intereses en el Egeo, de modo que asistió, con recelos, a la creación del imperio naval ateniense. Y también se abstuvo de intervenir cuando entre los miembros de la Liga surgieron los primeros conflictos. Durante un buen período los persas no se mostraban agresivos, y, dado que el tributo anual resultaba una carga gravosa para muchas ciudades, fueron varias las que en un momento u otro intentaron sublevarse y abandonar la alianza, pero fueron castigadas con tremenda dureza por los atenienses.

El poderío y riqueza de la democracia se apoyaba en ese imperio naval. Los hombres que con su valor lograron para Atenas esa supremacía y ese imperio no eran los miembros de la vieja élite, sino que eran tanto los hoplitas que habían combatido en Maratón como luego, tras Salamina, los *thetes* que impulsaban y tripulaban las numerosas trirremes. Fue ya tras las guerras médicas cuando se otorgó al conjunto del *demo*s una mayor cuota de participación política, de modo que a mediados del siglo V la asamblea era soberana y las instituciones que antes representaban el prestigio y el poder estaban en manos de la gran mayoría ciudadana, que desempeñaba esos cargos por sorteo y, a partir de cierto momento, era remunerada por ellos. Esa paga permitía a los más pobres acudir a las asambleas y a los tribunales (como el de la *Heliea*).

Así se cumplía la afirmación de Pericles: nadie quedaba marginado de la política por su pobreza. Ni tampoco de los grandes festejos de carácter popular y gozos cívicos.

Pericles insiste: todos disfrutaban de las grandes procesiones y fiestas —como las Panateneas y las fiestas en honor de Dioniso— que ofrecían una vida más amable y con variados goces para el disfrute colectivo.

> Como alivio de nuestras fatigas, hemos procurado a nuestro ánimo muchísimos atractivos. Tenemos juegos y fiestas durante todo el año, y casas privadas con espléndidas instalaciones, cuya comodidad cotidiana aleja la tristeza. Y gracias a la importancia de nuestra ciudad nos llegan todo tipo de productos importados, de los que disfrutamos no menos que de nuestros productos pro-

pios de siempre. ... Nuestra ciudad está abierta a todo el mundo, y en ningún caso recurrimos a expulsiones de extranjeros... (Tucídides II, 38).

La riqueza que aportaba el imperio se invertía en beneficio de la ciudad: en las grandes fiestas y en las grandes obras públicas; contribuía a sufragar los gastos de la flota y el pago a los marineros. Por otro lado, la ampliación de la Liga favorecía además el envío de colonos a diversos lugares e islas. Y una vez trasladado a Atenas, el tesoro custodiado hasta entonces en Delos se empleó en buena parte para hacer frente a los importantes gastos del colosal proyecto de obras públicas emprendido por Pericles con la edificación y reconstrucción de los grandes edificios de la Acrópolis (el Partenón, los Propíleos, etc.), a fin de hacer de Atenas la más bella y gloriosa ciudad del mundo griego.

El dominio ateniense sobre sus aliados se extendía a todos los terrenos. En el ámbito político, el verdadero centro de decisión se trasladó a la asamblea ateniense. Desde el punto de vista jurídico, también los atenienses ejercían el control total desde el momento en que los aliados estaban obligados a desplazarse a Atenas para dirimir sus querellas y demandas legales. Por último, se instalaron colonias militares en territorios aliados, las denominadas *cleruquias*, que posibilitaban que ciudadanos atenienses recibieran concesiones de tierras en detrimento de los habitantes locales. De esta forma, todos los atenienses, tanto ricos como pobres, se beneficiaban con la posesión del imperio y el dominio que Atenas ejercía implacablemente sobre sus aliados. (Gómez Espelosín. o. c., p. 284).

En el texto citado de Tucídides (II, 41,3) Pericles menciona a sus aliados como «súbditos», cuando dice que Atenas era la única ciudad que no provocaba «en sus súbditos el reproche de ser gobernados por hombres indignos de hacerlo». Semejante elogio, si uno piensa en cuántos se sublevaron, suena desde luego bastante cínico. No deja de ser un tanto contradictoria que, en nombre de la libertad, los atenienses, los campeones de la democracia, mantuvieran sometidos a los miembros de la alianza. Ciertamente Atenas cumplía el pacto de mantener la vigilancia de las rutas del Egeo, pero a la vez su dominio imperial resultaba una cierta tiranía sobre los miembros de la Liga.

La Guerra del Peloponeso

La llamada desde antiguo «Guerra del Peloponeso» fue un largo y complejo conflicto bélico que enfrentó a las dos *poleis* más poderosas de la época: Atenas y Esparta, y ambas arrastraron a su vez a gran parte de las ciudades griegas, como aliadas de una u otra. La extensa contienda no se desarrolló en el marco del Peloponeso, sino que hubo batallas y refriegas en muy diversos escenarios, por tierra y por mar, desde Sicilia al Bósforo. Casi todas las ciudades del mundo griego se vieron envueltas en la guerra, ya que las dos contendientes principales ejercían su influencia hegemónica sobre extensas áreas del ámbito helénico. Durante casi treinta años (430-404 a. C.) los griegos se vieron divididos en dos bandos irreconciliables, y enfrentados ferozmente.

Del lado de Atenas estaban casi todas las ciudades del Egeo y de las costas centrales de Asia Menor (Jonia). En el bando espartano militaban casi todas las ciudades del Peloponeso, una buena parte de las de Beocia y del mundo griego de Occidente. Eran dos universos ideológicamente contrapuestos. Atenas se había convertido a lo largo de la primera parte del siglo V a. C.

en una democracia radical que ejercía su control sobre un auténtico imperio marítimo. El *demos* ateniense se beneficiaba claramente de las ventajas de esta alianza, y, por otra parte, Atenas se mostraba como una ciudad abierta y cosmopolita que acogía a toda clase de artistas, poetas y pensadores de todos los rincones del mundo. Por el contrario, Esparta, con su sistema de gobierno conservador, y con graves presiones internas a causa de los componentes heterogéneos de su población, mantenía un poderoso y bien entrenado ejército de ciudadanos. Tenía apoyos en otras ciudades, como la rica Corinto, recelosa del poderío de Atenas, cuya pujante flota controlaba la mayor parte del Egeo. Con este disciplinado y poderoso ejército, invicto en campo abierto, Esparta podía jactarse de su superioridad en los combates terrestres.

En la guerra se distinguen tres etapas: la primera, de 430 a 421 (guerra Arquidámica), se concluye con la llamada Paz de Nicias; la segunda comienza con el audaz intento de Atenas de conquistar la gran ciudad siciliana de Siracusa y finaliza con la catastrófica derrota del ejercito ateniense (415-413); y la tercera, que va de 412 a 404, se caracteriza por diversos disturbios políticos y varias batallas navales en el Egeo, frente a las costas de la antigua Jonia, para concluir con el fracaso de la flota ateniense en la batalla de Egospótamos (cerca del Bósforo) y la rendición incondicional de Atenas.

Tucídides, en su admirable *Historia de la guerra del Peloponeso*, nos ha dejado el más incisivo y preciso relato de esa tremenda contienda, un inolvidable análisis que es, en sus propias palabras, «una lección para siempre». Con el fin de explicar cómo surgió el conflicto bélico Tucídides propone distinguir entre causas y pretextos. Las causas de tan profundo enfrentamiento son la ambición y la envidia y el miedo; los pretextos, las quejas y recelos de unas ciudades contra otras por motivos ocasionales. Fue el progresivo aumento del poderío ateniense lo que incitó a la rencorosa Esparta, azuzada por los corintios, a declarar la guerra. Fue, por otro lado, el afán por mantener sus dominios, su ansia de poder, lo que hizo que Atenas se mostrara inflexible frente a sus enemigos. Luego ese azar que los griegos llamaban *Tyche* (Fortuna) complicó el curso del conflicto.

Tras unos incidentes entre la isla de Corcira y Corinto, en los que intervino Atenas en favor de los corcirenses, Esparta planteó a su rival reclamaciones que eran casi un ultimátum, y que Pericles se negó a aceptar. En consecuencia, se inició la que aún llamamos «guerra del Peloponeso» (por influencia del texto de Tucídides, pues las batallas importantes no se dieron en esa zona), una contienda mucho más prolongada de lo que los atenienses y los espartanos esperaban y que envolvió muy desgraciadamente a todo el mundo griego.

Breve resumen de la larga guerra

Pericles condujo a Atenas a la guerra al convencer a la asamblea de que podía ganarse con su táctica de conservar a toda costa su hegemonía naval, atacando con su flota las costas del Peloponeso, y rehuyendo el enfrentamiento en una batalla terrestre en la que el ejército espartano podía mostrarse superior. Con ese propósito instó a la población del Ática a refugiarse dentro de la ciudad tras la protección de los Largos Muros que unían Atenas con los puertos del Pireo y Falero.

La guerra comenzó en 430; los espartanos guiados por su rey Arquidamo invadieron en verano los campos del Ática, sin encontrar resistencia, intentando sin éxito provocar la batalla. Destruyeron las cosechas y talaron los olivos. Los atenienses lo contemplaban desde sus muros. Desde sus puertos enviaron una expedición de castigo contra Epidauro y expulsaron a los habitantes de Egina.

Pero un elemento imprevisto alteró la situación en el segundo año de la guerra: en Atenas se declaró una terrible epidemia (la denominada «peste de Atenas») que causó muchísimas muertes (casi un tercio de la población). Entre esos muertos estuvo el propio Pericles (en 429). Junto a la terrible mortandad, la enfermedad desencadenó una honda desmoralización; pero aun así los atenienses continuaron firmes en la batalla. Los choques siguieron en varios frentes con reveses de unos y otros hasta que, en un mismo año, en 422, murieron en ellos los dos caudillos más belicosos de uno y otro bando: el espartano Brásidas y el ateniense Cleón. En ausencia de ambos se firmó la citada Paz de Nicias, con el nombre del general ateniense que logró el acuerdo.

Para su desdicha, los atenienses se embarcaron en 415 en una audaz aventura: fletaron una gran expedición naval para intentar la conquista de Siracusa en Sicilia, y la arriesgada empresa acabó en una tremenda catástrofe. Perdieron la gran flota y a casi todos sus hombres (cerca de 40 000), unos muertos en combate y otros prisioneros en las canteras sicilianas.

De nuevo, apenas rehechos de las enormes pérdidas humanas y económicas, los atenienses reanudaron el enfrentamiento contra los espartanos y sus aliados, esta vez en el Egeo. La paz que debía durar treinta años duró muchos menos. La flota ateniense logró algunas victorias —en Cízico y en las islas Arginusas— y cosechó serios reveses —como frente a la isla de Lesbos—. Pero sufrió una derrota, ya definitiva, en Egospótamos. En la costa los sorprendió el espartano Lisandro con su gran armada, en buena medida subvencionada por los persas. Los atenienses perdieron ciento sesenta naves y cuatro mil hombres. Luego Lisandro partió para asediar Atenas, y la ciudad se le rindió tras unos meses. El rey espartano impuso la demolición de los Largos Muros, les dejó solo doce barcos, les hizo renunciar a sus posesiones fuera del Ática e instaló en la ciudad una oligarquía proespartana: el duro régimen de los Treinta Tiranos.

El afán imperial había sido uno de los factores determinantes de la grandeza y prosperidad atenienses en la primera mitad del siglo, y vino, al final, a ser causa de su fatal ruina. Pero los espartanos, victoriosos, pronto se demostraron incapaces de sostener una política hegemónica. Trataron de imponer por doquier gobiernos oligárquicos favorables, pero carecían de ideas de mayor alcance y ellos no podían mantener el dominio marítimo. Ganaron la larga guerra, y acabaron con el imperialismo de Atenas. Con respecto a las promesas de «liberación» (del yugo ateniense), su comportamiento después de su victoria mostró cómo Esparta interpretaba esa liberación: colocaron guarniciones y jefes militares en las ciudades jonias, y luego las entregaron a Persia.

Luces de la democracia de Pericles

Frente a ese cuadro tan desolador de la desastrosa guerra, volvamos a destacar los aspectos positivos de la Atenas democrática, pues ni siquiera esa tan amarga derrota fue el final de sus logros políticos. La democracia mantuvo, frente a la oligarquía impuesta, su apuesta por la libertad: en poco más de un año los atenienses exiliados volvieron y consiguieron derrotar y expulsar a los odiados Treinta Tiranos. Desafiando todas las amenazas externas, el pueblo ateniense recobró sus conquistas sociales, y logró hacerlo con firmeza y noble y moderado vigor. Y con espíritu de conciliación proclamó una generosa amnistía. Así que, al cabo de algunos años, Atenas, con recobrados ánimos y plena democracia, volvía a presidir una renovada Liga Marítima en el Egeo.

En algo menos de un siglo Atenas conoció su esplendor y su amarga catástrofe. Pero una vez resumida esa trayectoria trágica, volvamos a evocar sus singulares logros. Volvamos al discurso de Pericles, y, por el momento, a su frase más categórica:

«Amamos la belleza con sencillez y amamos el saber sin relajación». A continuación añade que nadie en Atenas está excluido por su pobreza o su baja condición de la tarea de participar en el gobierno de la ciudad democrática. ¿Qué otra comunidad podría jactarse de semejante amplitud de miras?

Sería muy largo analizar las ideas del discurso magnífico de Pericles. Así que subrayemos solo tan estupenda declaración, que quisiera recordar y analizar en su recién citado texto: *Philokaloûmen met'euteleías kaì philosophoûmen áneu malakías.* Pericles declara que los atenienses sienten *philía* («aman en su trato diario») por lo bello (*tò kalón*, un término que, en griego, significa 'lo bello' y 'el bien'); y «aman el saber» (*tò sophón* en sentido amplio; no quiere decir que todos «se dedican a la filosofía»). «Afán de belleza y de saber (sin despilfarros y con entereza)» serían rasgos propios de la cultura ateniense, en claro contraste con la cerrazón intelectual de una ciudad como Esparta, donde se cultivaba el entrenamiento para la guerra y la gimnasia.

El amor a la belleza podría ejemplificarse con la construcción de obras públicas como el Partenón, pero también era evidente en las estatuas de dioses y jóvenes atletas, de diosas y muchachas, e incluso en las obras menores de sus artesanos, como las vasijas y los dibujos de la cerámica ática. Como en el orden y el encanto de las procesiones y festivales de la ciudad, y en los modales de los civilizados atenienses.

El afán del saber —que de algún modo se une a la afición por el bien y lo bello— se expresa de modo significativo en dos creaciones áticas: el teatro y la narrativa histórica; y, de forma no menos notable, en la recepción de la tradición filosófica iniciada en el siglo VI en algunas ciudades jonias y continuada por los sofistas y Sócrates. Recordemos estos logros en breves apuntes.

El teatro en Atenas

El teatro —primero con dramas trágicos y pocos lustros después con comedias— fue una invención absoluta y de pronto desarrollo de la cultura ateniense. Como ya apuntamos, fue Pisístrato quien introdujo en las fiestas cívicas las representaciones trágicas con un coro y un actor en honor de Dioniso, dios del entusiasmo y del vino. Dio a esas fiestas un carácter cívico y solemne; y pronto se situó el espacio teatral en un gran semicírculo abierto al pie de la Acrópolis. Por un extraño azar la primera tragedia conservada es *Los Persas* de Esquilo, que se puso en escena en 472 a. C., es decir, ocho años después de la batalla de Salamina. Esta resulta una obra singular o anómala; es la única tragedia que no escenifica un antiguo mito heroico, sino un hecho histórico: la derrota de la flota de Jerjes en Salamina. Todas las otras tragedias conservadas evocan episodios de la mitología heroica, es decir, relatos de una tradición cuyos protagonistas son los mismos héroes de la épica. Las tragedias presentan figuras y conflictos del pasado heroico, pero, a la vez, reflejan problemas que inquietan a la *polis*, y al retomar sobre la escena los personajes míticos muestran pasiones y conflictos inherentes a la condición humana; en los ejemplos de los mitos —que el público ya conoce de antemano— sus escenas adquieren una fuerza impresionante y emotiva. Las tragedias sirven a la educación de su público, en cuanto que invitan a una reflexión sobre la grandeza y la fragilidad de esos héroes y heroínas. Según Aristóteles proporcionan a los espectadores una catarsis anímica, *kátharsis apò eléou kaì phóbou*, «purificación del terror y la compasión».

El teatro ofrecía representaciones en dos temporadas fijas cada año, en las Grandes Dionisias y las Leneas. Era el espectáculo popular por excelencia, ante un público de quince mil ciudadanos que llenaba el graderío frente a la escena. Instaurado oficialmente en las fiestas de Dioniso, mantenía el carácter religioso que tenía mucho que ver con sus orígenes. Aunque los dramas tratan raramente de los dioses, ellos están en el trasfondo de muchos. Aquí las divinidades olímpicas de la épica se presentan en sus contactos con los grandes héroes de dramático destino. Son figuras del pasado mítico, pero en muchos casos es fácil advertir la conexión del mito teatralizado con momentos de la política real, ya sea en la *Orestíada* de Esquilo, en el *Edipo rey* de Sófocles o en *Troyanas* de Eurípides. Pero, aun en su alejamiento del presente, los dramas invitan a la reflexión sobre la eternamente frágil condición humana, mediante conflictos que protagonizan los héroes míticos, pero que son también los de la condición humana perenne.

Donde encontramos muy claras referencias directas a la realidad y sus problemas es en las tramas de farsas fantásticas de las comedias de Aristófanes. La comedia fue introducida, como un cierto contrapeso a las tragedias, algo más tarde, ya a comienzos del siglo V.

Tanto tragedias como comedias servían a la educación, una *paideia* cívica y nada infantil. Que ese teatro, tanto el trágico como el cómico, fuera visto como una forma de educación moral y sentimental nos permite observar cuán distantes nos encontramos en este aspecto de los griegos.

Recordemos que, a lo largo de muchos siglos, el teatro griego ha tenido múltiples admiradores e imitadores desde los dramaturgos latinos hasta nuestros días. Lo cierto es que el teatro trágico ateniense, el clásico por excelencia, vivió su esplendor creativo durante poco más de una centuria.

Nunca ha reaparecido un teatro que uniera un arte dramático de tan elevado nivel poético y tanta audiencia popular.

La invención de la historiografía

No menos que el teatro, la historia fue un claro invento de la cultura griega. Como escribió A. Momigliano: «Podemos decir con certeza que Heródoto fue el primero que organizó una vasta investigación sobre una guerra y sus causas. Esa es, de hecho, la herencia dejada por Heródoto a la historiografía europea».

Y dice en el mismo ensayo:

> Es hasta demasiado obvio que Tucídides determinó en definitiva el veredicto de la Antigüedad sobre su predecesor. Leyó (o escuchó) atentamente su Heródoto y decidió que la forma herodotea de afrontar la historia era peligrosa. Para escribir historia en serio era necesario ser contemporáneo de los hechos en discusión y conseguir comprender lo que decía la gente. La historia seria, según Tucídides, no se ocupaba del pasado, sino solo del presente; no podía ocuparse de países lejanos, sino solo de lugares en que vivía el historiador y de personas cuyo pensamiento podía exponer sin dificultad con palabras propias. Tucídides no creía que el intento herodoteo de escribir hechos que el autor no había vivido y de narrar la historia de hombres de los que no entendía la lengua pudiese tener futuro[4].

El llamado «padre de la Historia», Heródoto, era un jonio nacido en la ciudad de Halicarnaso, de donde se exilió joven para emprender grandes viajes. Ya en la plenitud de su vida llegó a Atenas y fue allí donde dio a conocer en una exitosa lectura lo más importante de su imponente obra (luego editada en nueve libros). La ciudad lo premió generosamente. Los últimos libros de su *Historia* los dedicó a narrar la segunda guerra

---

[4] A. Momigliano. *La historiografía griega*, Barcelona, Crítica, 1984 (pp. 155 y 137).

médica, ofreciendo una admirable perspectiva y un claro elogio de la actuación de los atenienses defensores de la libertad de Grecia.

Como subrayaba Momigliano, el relato de una gran guerra, no del pasado lejano, sino actual, investigada para mostrar la verdad de los sucesos, sus causas y sus efectos, es el tema esencial de las narraciones, de historias ya no basadas en lejanos mitos, sino en la *autopsía* y la *alétheia*, es decir, en la propia mirada y en la veracidad más estricta.

Tucídides era ateniense, de noble familia, y un experto conocedor de la política de su tiempo, ya que actuó como estratego, es decir, general ateniense. Tuvo que exiliarse, al fracasar en una misión en el norte de Grecia, pero siempre se mantuvo muy bien informado y con una agudeza crítica insobornable. Escribió acerca de la época que vivió y la guerra que vivió, la del Peloponeso, cuyas causas y efectos analizó con admirable precisión y singular hondura psicológica.

No voy ahora a resumir los méritos de uno y otro historiador. Eran ciertamente muy distintos por su carácter y tuvieron conceptos divergentes del quehacer histórico. Heródoto es de la generación de Sófocles y Pericles; Tucídides, de la de Eurípides y Sócrates. El primero ha vivido la época del auge de Atenas; el segundo, la crisis cívica de los últimos decenios: la peste, los desastres de la guerra entre griegos, la derrota de Siracusa, la agonía de la democracia. Heródoto, con mucho de antropólogo *avant la lettre*, contaba antes con admiración las maravillas de Oriente y de Egipto; Tucídides, en cambio, no muestra ningún interés por los pueblos bárbaros.

Pero entre ambos han configurado un género narrativo de larga resonancia: ese al que seguimos llamando «Historia» (con la misma palabra que usó Heródoto en su primera línea, y que significa 'investigación personal'). Lo que une a uno y otro escritor es su afán de ofrecer un verídico relato de la gran guerra, que conmocionó su tiempo y marcó el destino de Atenas.

Los sofistas

En la época de esplendor de Atenas, cuando la ciudad se había convertido en el centro de la cultura griega, destacando por su prosperidad económica y su atmósfera de libertad, consecuencia de su imperio marítimo y su talante democrático, llegaron a ella los sofistas, los nuevos sabios que se proclaman educadores en la excelencia cívica y la cultura en general.

La oferta de estos sabios o «ilustrados» correspondía a la demanda social de educación superior, una formación adecuada para destacar en la competición política mediante la palabra y las nuevas ideas. En un ambiente cívico donde la retórica y la superioridad intelectual y el arte de la persuasión eran armas para triunfar, los sofistas encontraron en Atenas un público ávido de sus enseñanzas y dispuesto a pagar por ellas. A veces se ha comparado a la sofística con la Ilustración, en cuanto que ambas trataban de educar a la sociedad —o a una capa «ilustrada» de la sociedad— para su progreso mediante la razón y la crítica de lo tradicional. Los sofistas presentan una mentalidad abierta a nuevas ideas, al tiempo que dejan la filosofía más abstracta —la física y la metafísica— para centrarse en la retórica, la ética y la ciencia política.

Ninguno de los grandes sofistas era ciudadano ateniense. Todos llegaron de otras ciudades: Gorgias era de Leontinos, Protágoras de Abdera, Pródico de Ceos, Hipias de Élide, etc. (También estuvo junto a Pericles el filósofo Anaxágoras, presocrático jonio). Llegaban a Atenas, «el Pritaneo mismo de la sabiduría de Grecia», en frase del citado Hipias, para dar a conocer sus obras y sus ideas, y allí se encontraban entre ellos y ante un público joven y acogedor. Tal como nos los presenta Platón en su diálogo temprano *Protágoras*, eran protegidos en Atenas por algún rico ilustrado, como Calias, y allí en el gran patio de la mansión tenían sus encuentros e impartían sus lecciones. Las huellas del pensamiento sofístico se encuentran en autores como Eurípides o Tucídides, y, evidentemente, en los *Diálogos* de Platón, su gran adversario. Es él, paradójicamente, quien nos ha dejado una imagen más vivaz de los más famosos, dado que de las obras escritas por los sofistas nos quedan solo breves fragmentos. Es Platón también, en gran medida, el responsable de la dudosa reputación de la sofística, que solo en tiempos modernos hemos revisado y corregido.

Podemos advertir que, frente a la acogida entusiasta de algunos atenienses, como el rico Calias que los hospeda en su casa o el joven Hipócrates del citado diálogo, esos famosos e itinerantes maestros del saber fueron vistos con recelo por una parte de la población, algo escandalizada por sus ideas novedosas y muy críticas con la religión tradicional. El público multitudinario de las grandes fiestas y procesiones era mucho más amplio que el selecto auditorio de los sofistas y los ilustrados amigos de Pericles. Algunos de estos —Fidias, Anaxágoras y la bella Aspasia— fueron objeto de persecuciones y burlas agresivas, en especial en las comedias. (Valga, como ejemplo, la caricatura de Sócrates, visto como un sofista más, en *Las nubes* de Aristófanes).

Cultura y política se relacionan en la mejor época de la democracia ateniense. Lo recuerda, con razón, Pericles en el ya citado discurso. Pero su emotivo elogio de la democracia puede leerse también como una especie de testamento, puesto que el gran estratego murió poco después. Pericles se había mostrado partidario de la guerra, que consideraba el último recurso para mantener el imperio (*arché*) adquirido por Atenas, y usado en cierta medida en la ciudad para la inmortal gloria de Grecia. Había hecho sus planes calculando los recursos económicos, el tesoro cuantioso guardado en la Acrópolis, los cientos de navíos, el mantenimiento del comercio, el apoyo de los aliados, etc. Su previsión falló. La mortandad causada por la peste, la prolongación de la lucha, la catástrofe de Sicilia, la ayuda de los persas a los espartanos, las revueltas en Atenas y el triste descalabro final en Egospótamos dieron al traste con su idea del conflicto. Como advertía Tucídides, en los asuntos humanos y en los políticos no basta para decidir el éxito lo que los griegos llamaban *gnome* (previsión, cálculo racional), si se le opone la *tyche* (azar o fortuna).

Podríamos acudir a un símil, y decir que Atenas tuvo un destino típico de un héroe trágico. En su afán de grandeza cometió un exceso, *hybris*, es decir, una desmesura heroica, y, al final, como les sucedía a los héroes de los mitos, encontró el castigo fatídico de ese fallo (*hamartía*), la ruina, *ate* y *némesis*.

Sin embargo, como ya hemos anotado, Atenas recobró su talante democrático con admirable esfuerzo, y fue superando la derrota y el castigo impuesto. Aún recobró cierto poderío al frente de una nueva Liga Marítima durante algún tiempo. Y mantuvo su hegemonía cultural y su prestigio monumental. Quedó como indiscutible capital de la filosofía, con las escuelas de Platón y Aristóteles y alguna más.

La condena de Sócrates

Pero, en el ambiente político todavía muy crispado tras la caída de los Treinta Tiranos, cuando trataba de volver a conciliar los ánimos y olvidar las heridas de la crisis social, la restaurada democracia ateniense cometió un escandaloso desatino. En 399, el tribunal popular de la *Heliea* condenó a muerte al ciudadano que Platón calificaría luego como «el más justo de los hombres de su tiempo». Sócrates, hijo de Sofronisco, del demo de Alópece, fue citado ante el tribunal popular acusado de un doble delito: «No reconocer los dioses de la ciudad y corromper a los jóvenes».

Sócrates tenía entonces setenta años, era bastante conocido en la ciudad como un individuo muy peculiar. Lo había presentado Aristófanes unos años atrás en una comedia (*Las nubes*) como un extravagante sofista. Se sabía que, por una parte, lo frecuentaban jóvenes de buenas familias atenienses y, por otra, había tenido amigos que se mostraron perturbadores y contrarios a la democracia, como Alcibíades y Critias. Conocemos bastante bien el proceso y los discursos de Sócrates frente a sus acusadores (gracias a las *Apologías* de Platón y Jenofonte). Fue, desde luego, un juicio muy singular, como podía esperarse del acusado.

Resultó sorprendente que el propio Sócrates, siempre desconcertante y provocador, no tratara de justificarse, sino que defendiera su actividad como un servicio benéfico para la ciudad, lo que irritó al tribunal, que, tras ese discurso de defensa, lo condenó en la segunda votación, por más votos que en la primera.

Sin duda, aunque los acusadores solicitaban para él pena de muerte, se habrían contentado con el destierro, si él lo hubiera permitido. Pero Sócrates se jactó de su conducta inquisitiva, presentándose como un tenaz buscador de la verdad por mandato divino. Luego, después de oír la condena, se despidió de sus jueces sereno, sin quejas y con una enigmática amabilidad.

En fin, el más famoso de sus discípulos, Platón, no olvidaría nunca lo que él consideró un crimen de la democracia, crimen cometido desde la ignorancia turbia del *demos*, una clara muestra de que para que la justicia se establezca en una ciudad se necesita que la gobiernen los sabios, es decir, los filósofos conocedores del Bien.

El mundo helenístico. La búsqueda de la felicidad individual

Frente a la integración del ciudadano en la política en la época que llamamos «clásica», en el nuevo contexto histórico del denominado «período helenístico» aparece un marcado individualismo. El ciudadano ya no participa en ninguna decisión sobre el destino de su patria. En ese mundo las antiguas *poleis*, perdida su autonomía, han sido integradas en dominios políticos más extensos y, por tanto, los ciudadanos se sienten miembros pasivos de esa comunidad incluida en un gran reino o imperio. El individuo tiene muy limitada su libertad en los nuevos reinos de amplios horizontes. Ese avance hacia la modernidad, cambio progresivo desde mediados del siglo IV a. C., podemos advertirlo en el distanciamiento de la propia ciudad en filósofos como Platón, y, a la vez, en pensadores como los cínicos y los estoicos, buscadores de una ciudad justa y feliz, ilusionados con una ideal utopía, situada más allá de la geografía real, o con un soñado cosmopolitismo animado por una ideal fraternidad.

Esa perspectiva es ya la del final del período que vamos a resumir ahora. Pero volvamos atrás, a los años siguientes a la muerte de Sócrates, que, para sus discípulos, y no solo para ellos, supuso la más amarga acusación contra la democracia ateniense.

Platón y la ciudad utópica

Vayamos, pues, a Platón. Conviene recordar un párrafo de su *Carta VII*, la única seguramente auténtica de las conservadas. En ese conocido y conmovedor testimonio autobiográfico, escrito ya en edad avanzada, vuelve a recordar la muerte de Sócrates y las desilusiones de su juventud, y cómo eso le llevó al abandono de la política activa en Atenas. Y apunta la idea central de su teoría: deben gobernar quienes conocen el Bien, solo los filósofos o los reyes podrían lograr una ciudad justa y feliz.

> Así que yo, que al comienzo me encontraba lleno de ímpetus para dedicarme a la política, al observar los hechos y verlos todos zarandeados en todas direcciones por el azar, acabé por sentir vértigos, y, aunque no desistí de examinar cómo alguna vez podría mejorar algo en tales asuntos, y, en general, en todo sistema de gobierno, sí desistí de aguardar una y otra vez un momento oportuno para actuar, concluyendo por considerar, respecto de las ciudades de ahora, que todas están mal gobernadas. Pues en lo que toca a las leyes, en general, se encuentran irremediablemente mal, a no ser gracias a una reforma extraordinaria en un momento de suerte. Me vi obligado a reconocer que, para elogio de la verdadera filosofía, de ella depende el conseguir una visión de lo justo, tanto en los asuntos públicos como en los privados. Por lo tanto, no cesará en sus desdichas el género humano hasta que el linaje de los que son recta y verdaderamente filósofos llegue a los cargos públicos, o bien que los que tienen el poder en las ciudades, por algún especial favor divino, lleguen a filosofar de verdad.

Como es bien sabido, Platón expone ampliamente esa idea en sus dos obras más extensas: la *República* (*Politeia*) y las *Leyes*. Las propuestas políticas de Platón tienen un trasfondo crítico, y están bien fundadas en exigir un programa de reforma de la sociedad y los individuos. Marcan un rechazo claro de la democracia y, en general, de los sistemas de gobierno de la Grecia de su tiempo. Platón no se hace muchas ilusiones con respecto a su realización en breve plazo. Son un programa utópico.

Platón ha visto claramente que para mejorar a los hombres hay que reformar el sistema de gobierno a fin de lograr una convivencia ordenada, justa y dirigida al bien común. Para reformar la *politeia* hay que educar a los ciudadanos previamente. Como nos dice en el *Gorgias*, en un sentido auténtico de la palabra, solo Sócrates ha sido un verdadero político en Atenas, porque solo él se preocupó por mejorarlos de verdad, no con riquezas ni con armamentos, sino ejercitando sus almas en la búsqueda del bien auténtico: la virtud y el conocimiento de sí mismos. *Paideia* para la *política* más justa es el *leitmotiv* de la apuesta filosófica de Platón para el bien de toda la ciudad, como señalan grandes filólogos como J. Stenzel, W. Jaeger y otros comentaristas modernos.

Platón piensa que, así como en el mundo de las técnicas hay que ceder el mando a los expertos, que conocen los fines y los medios para alcanzar su objetivo, así debe hacerse en los asuntos de la *polis*. La *areté* está basada en el conocimiento. Se yerra solo por ignorancia, como decía Sócrates. Bastaría, pues, con que la sociedad entregara la dirección de los asuntos comunitarios a los expertos, a aquellos que conocen la Verdad y el Bien, para que la nave del Estado llegue a buen puerto para la felicidad de todos. Platón comienza por descartar que tales expertos sean los políticos habituales o los sofistas, sedicentes maestros de *areté*, pero que solo atienden a la opinión de las masas, la *doxa*, y no buscan la verdad, esa *alétheia* que es la meta del filósofo auténtico.

Ciertamente, al proponer una distinción de la sociedad en tres estamentos o clases, la de los filósofos, la de los guardianes o guerreros, y la de los trabajadores, y dejar el gobierno en manos de los primeros, la propuesta platónica se opone a la praxis usual de la democracia ateniense. En el funcionamiento de la democracia ateniense se distinguía claramente entre asuntos técnicos, que se encargaban a los especialistas —estrategos, tesoreros, arquitectos, etc.—, y los asuntos del bien común, que se decidían mediante la votación en que participaban todos los ciudadanos. La asamblea y los jurados populares —la *Heliea*— decidían sobre asuntos como la guerra y la paz o la justicia. Esa era la doctrina que defiende bien Protágoras en el diálogo platónico de su nombre, comentando una versión del mito de Prometeo. Según el mito, en la versión del sofista, es decir, la que le atribuye Platón en el diálogo de su nombre, de Prometeo les vienen a los humanos los saberes técnicos, y de Zeus, a todos, el sentido de la rectitud moral y la justicia. Los otros dones están distribuidos desigualmente, el respeto y el sentido de lo justo lo infundió Hermes en todos.

Sin embargo, a pesar de su apartamiento de la política en su propia ciudad y sus frustradas intervenciones en la corte de Sicilia, Platón no dejó nunca de pensar en la reforma del Estado como un deber del filósofo. Nunca renunció a la convicción de que un hombre digno necesita vivir en una comunidad justa y feliz, porque el individuo no es autosuficiente. Frente a otros discípulos de Sócrates, como Antístenes y Aristipo, que proclamarán la autosuficiencia del sabio para la felicidad y la vida auténtica, Platón, como su maestro Sócrates, no concibe una existencia humana realizada al margen de la ciudad. Para ellos, a pesar de todo, la *polis* constituía el escenario necesario para una vida plenamente humana y racional.

Aristóteles. Sus escritos sobre la ciudad y el mejor gobierno

También Aristóteles, para definir al ser humano, al comienzo del Libro I de su *Política*, escribe que es un «animal de ciudad»: *zôon politikón*. Él no podía tomar parte en los asuntos cívicos de Atenas, porque no era ciudadano con plenos derechos, sino un meteco, llegado de la norteña Macedonia para estudiar en la Academia de Platón.

Digamos, de paso, que de los grandes filósofos que se instalan en Atenas en esa época ninguno era ateniense (aunque podría anotarse la excepción de Epicuro, nacido en Samos, pero hijo de un colono ateniense). La renuncia a la actuación política en la ciudad no resultaba para ellos un trauma, como lo había sido para el joven Platón. Y tampoco pareció que esa abstención les doliera o preocupara en ningún momento. Atenas era ya, sin duda, el epicentro indiscutible del pensamiento filosófico, una ciudad para dialogar y tratar de la vida mejor y más civilizada, al margen de su significación política ya muy menguada.

La *Política* de Aristóteles dista medio siglo de la *Politeia* de Platón. (El título en singular de *Política* puede engañar un tanto; realmente es un plural neutro; que podría traducirse por 'libros de asuntos políticos', reunidos por los discípulos del Liceo). Con su maestro polemiza Aristóteles, a veces sin mencionarlo, cuando rechaza la teoría de las ideas y el proyecto utópico. Aristóteles defiende las estructuras tradicionales de la *polis* con un talante conservador, en un momento en que la autonomía y la libertad de las ciudades griegas están en crisis. Insiste en que la comunidad más perfecta es la de la ciudad. Y solo en ella puede realizarse plenamente el mejor modo de vida, ese «vivir bien» que es la meta del ser humano. El individuo no es autosuficiente ni para colmar sus necesidades ni para la dicha; por su propia naturaleza necesita la sociedad y la comunicación (puesto que se define como «el animal con *logos*», *zôon logon échon*). Y esa vida comunitaria completa se realiza solo en el marco de una ciudad libre y segura.

Es interesante advertir que en los años de madurez del Estagirita, cuando pudo repasar esos apuntes políticos, ya Alejandro[5], que había sido su discípulo años atrás, había revolucionado con sus conquistas el panorama político de su mundo, creando un nuevo ámbito en el que las ciudades-estado griegas quedarían marginadas de los centros del poder y perderían su vieja autonomía en el interior de un vasto imperio. Aristóteles, como la mayoría de sus contemporáneos, lejos del inmenso territorio asiático por donde avanzaba su antiguo alumno, tal vez no supo comprender el alcance de sus conquistas ni el designio imperial del joven rey. Es curioso pensar que ya Diógenes y algunos cínicos se proclamaban «cosmopolitas», un lema que recogen luego los estoicos. Aunque, al discutir sobre las formas de gobierno, Aristóteles parece elegir como la menos mala una democracia moderada (no la de Pericles) apoyada por una amplia clase media, el tiempo de las ciudades democráticas y autónomas había quedado relegado al pasado, no por las ideas utópicas, sino por la aparición de un nuevo poder que iba a dominar directa o indirectamente toda Grecia.

---

[5] «Alejandro fue, por poco tiempo, discípulo de Aristóteles [...]. En su *Política* Aristóteles defendía que en el Estado ideal lo mejor sería una constitución mixta que combinara democracia, aristocracia y monarquía. Pero también sabía que los estados ideales únicamente existen en la imaginación. En el mundo real en que vivía, dominado por la experiencia de la guerra civil y el conflicto entre ciudades, el sistema claramente preferido era la monarquía. Fue una lección de su viejo tutor que Alejandro se tomó muy a pecho. Las diversas ligas de ciudades-estado de Grecia se habían mostrado, al final, ineficaces frente a la agresión persa». (A. Pagden. o. c., p. 31).

Conviene tal vez, en resumen, insistir en una idea:

> Pese a todas sus diferencias, Platón y Aristóteles tenían en común la absoluta convicción de que la finalidad de la filosofía era permitir a un grupo de hombres escogidos buscar el conocimiento en una república de ciudadanos virtuosos. El estado era para ellos lo mismo que la *polis*, y esta constituía un elemento fundamental de la buena vida. Esta idea contrasta con la que tienen la mayoría de los pensadores modernos, que suelen opinar que la finalidad del estado es conceder al individuo la libertad de perseguir sus propios objetivos, particularmente los de carácter económico. Aunque Platón y Aristóteles se mostraran sumamente críticos con la democracia, compartían con los demócratas de Atenas la creencia eminentemente griega en la naturaleza activa de la *polis*. Lejos de ser una institución artificial cuya principal finalidad sería la redistribución de los productos y evitar el crimen, la *polis* era concebida por sus habitantes como una fuerza que favorecía el perfeccionamiento moral y espiritual de sus ciudadanos. Para que esa fuerza actuara como es debido, los ciudadanos debían intervenir celosamente en la vida política; la participación en ella era una obligación, no un derecho. Sin embargo, los problemas del siglo IV hicieron que se pusiera seriamente en tela de juicio si la *polis*, según la concepción tradicional de la misma, servía o no a las necesidades de los hombres[6].

Filipo y Alejandro. Cambio del escenario histórico

Tratemos de resumir algunos datos del proceso histórico que, en pocos años, dejó en manos del rey de Macedonia Fili-

[6] S. Pomeroy y otros. *La antigua Grecia*, Barcelona, Crítica, 2011, pp. 389-390.

po II la hegemonía sobre las ciudades griegas. Después de una serie de avances tácticos que demostraron su ambición por extender su poderío en Grecia, el monarca macedonio tuvo que enfrentarse al ejército de tebanos y atenienses en la llanura beocia de Queronea, en 338 a. C. Fue una batalla decisiva en la que vencieron las tropas del rey Filipo, y causó una gran mortandad de tebanos y atenienses. La caballería macedonia, que mandaba el hijo del soberano, Alejandro, tuvo muy destacado papel con sus cargas en el tremendo combate. Filipo había logrado formar un gran ejército, con la imponente infantería de sus famosas falanges, y una caballería que se reveló rápida y efectiva en los grandes combates. Contaba también con miles de mercenarios y comandantes expertos en la guerra. Castigó duramente a

Tebas y se mostró más tolerante con la humillada Atenas. Como jefe indiscutible de las ciudades de la Liga de Corinto, al año siguiente Filipo logró que la asamblea adoptara la decisión de organizar una expedición común de los griegos, reunidos bajo su mando, contra el Imperio persa, con el pretexto de vengar el agravio de la invasión de Jerjes unos ciento cincuenta años atrás.

Así que en la primavera de 336 las tropas macedonias, al mando del experto general Mardonio, cruzaron el Helesponto. Pero no sería Filipo quien dirigiera la gran marcha contra el Imperio persa, pues el ambicioso monarca fue asesinado en su palacio poco después. Como heredero, el príncipe Alejandro, entonces con veinte años, asumió si dudar la audaz empresa, tras eliminar a sus posibles rivales y sofocar rápidamente la rebelión de algunas ciudades griegas que trataron de aprovechar el aparente vacío de poder.

Victorioso en una serie de batallas —Gránico en 334, Issos en 333 y Gaugamela en 331—, Alejandro se apoderó de todo el Imperio persa, recorrió en una gran marcha distancias inmensas, desde Fenicia y Egipto hasta Mesopotamia y las tierras de Irán, y más allá el montañoso Punjab. Luego hubo de regresar hacia el suroeste desde el borde del Indo cuando sus tropas se negaron a proseguir el avance hacia un desconocido oriente asiático, hasta llegar de nuevo a la ciudad de Babilonia. Allí murió de una misteriosa dolencia en 323, sin llegar a cumplir los treinta y tres años.

Vengada quedó la antigua invasión persa, y en once años el impetuoso e invicto Alejandro había conquistado el gran imperio de Asia para el mundo grecomacedonio.

Alejandro vivió pocos años, pero al morir dejó el mundo muy cambiado. Su gran imperio se cuarteó enseguida, y sus sucesores, los generales que le sobrevivieron, se repartieron entre violentas intrigas y feroces batallas la herencia, convirtiéndose en monarcas de amplios dominios. El proyecto de ese imperio asiático se derrumbó, al tiempo que las ciudades de la Grecia clásica seguían sometidas al poder macedónico. Se configura así el escenario del mundo helenístico, determinado en gran medida por la difusión de la lengua y la cultura griegas en un ámbito de muy extensos confines.

La herencia de Alejandro

Al saber de la muerte de Alejandro, Atenas se sublevó de nuevo, pensando en sacudirse el yugo impuesto mediante la guarnición macedonia. Pero los atenienses y sus aliados fueron pronto derrotados por el regente de Macedonia, Antípatro, por tierra en Cranon (Tesalia) y por mar en Amorgos, en 322. Luego este diádoco impuso a la ciudad muy duras condiciones, al reducir la consideración de ciudadanos a quienes poseían una fortuna de 2.000 dracmas, de modo que la mayoría (varios miles de atenienses) perdió sus derechos de ciudadanía y todos los beneficios que eso conllevaba.

El conflicto social se endureció, al tiempo que la democracia aparentemente mantenida en algunas ciudades griegas pasó a significar poco más que la ausencia de tiranía. Las asambleas y los consejos elegidos experimentaron una imparable decadencia; los asuntos eran manejados entre bastidores por oligarquías aristocráticas o plutocráticas. En Atenas, la vida política, bajo la tutela macedonia, no era ya más que un simulacro y los decretos de la *ecclesía* a propuesta de la *Boulé* eran decisiones de poco alcance. El Pireo se veía cada vez más abandonado por las naves y los mercaderes, que preferían los puertos de Rodas, Alejandría y, más tarde, Delos. La muchedumbre empobrecida vegetaba en su miseria, mientras que una «burguesía» acomodada participaba de «los beneficios» regios.

Como resume muy bien Gómez Espelosín:

> La situación había cambiado enormemente, pues el individuo no era ya un ciudadano que participaba directamente en las decisiones de la comunidad, sino tan solo un simple súbdito más de un inmenso estado que regía los destinos de la mayoría desde la lejanía de la corte emplazada en la capital de la monarquía. El culto al soberano organizado en estos nuevos reinos reflejaba la prosperidad y magnificencia de la monarquía, pero no satisfacía las necesidades individuales de una población que no tenía homogeneidad étnica, lingüística o cultural. Posiblemente, a pesar de los esfuerzos y recursos que se utilizaron en la promoción de dicho culto y su propaganda, la mayoría de la población no dejó nunca de ver a los viejos y toscos generales macedonios, que habían adquirido su posición privilegiada gracias a la fortuna y la fuerza de sus armas, transmutados ahora en monarcas de sus respectivos reinos. La mayoría de los ciudadanos de estos reinos encontraron respuesta a la situación de soledad e indefensión crecientes en las nuevas formas de culto, en las que las ansias de salvación personal y la idea de una vida futura después de la muerte desempeñaban un papel fundamental[7].

Aún venían a Atenas gentes de toda Grecia a hacerse iniciar en los misterios de Eleusis. Y también acudían otros desde muy lejos a seguir los cursos de los maestros de filosofía que enseñaban en la famosa Academia platónica o en el Liceo aristotélico, en el Pórtico de Zenón el estoico o en el acogedor Jardín de Epicuro. Pero la ciudad ya había dejado de ser una potencia

---

[7] Gómez Espelosín. o. c., p. 10.

política digna de tenerse en cuenta, aunque los reflejos brillantes de su cultura filosófica y sus monumentos clásicos la salvaban de hundirse en el olvido.

Atenas se consolidó como la ciudad de las escuelas filosóficas: la Academia de Platón y el Liceo de Aristóteles se encontraron pronto con la competencia del Jardín de Epicuro y el Pórtico de Zenón de Citio. Los estoicos y epicúreos ofrecían no solo una nueva teoría sobre la realidad y el cosmos, sino que invitaban a practicar un ideal de vida de acuerdo con sus principios respectivos. (Es decir, la virtud o el placer). En la Academia y el Liceo se insistía más en la *paideia* enciclopédica. Y junto a esas famosas cuatro escuelas, estaban otros pensadores de talante más subversivo: los cínicos y los escépticos.

Significativamente la filosofía no floreció en ninguna de las otras ciudades del momento. Ciudades a veces mucho más populosas y de fundación reciente, como Alejandría, que pronto superaría a Atenas como capital cultural del nuevo helenismo.

Alejandría fue la fundación más famosa y duradera de Alejandro. No llegó a verla florecer, pero en ella fue sepultado. Los responsables del embellecimiento de la ciudad fueron los tres primeros Ptolomeos, que la trasformaron en la urbe más grande y espectacular del mundo helenístico. Una política liberal de inmigración dio lugar a una población multiétnica en la que había macedonios, griegos, egipcios y una floreciente comunidad judía. El símbolo más claro del dinamismo y la originalidad de Alejandría tal vez sea su monumental y emblemático Faro. Construido por el arquitecto Sóstrato de Cnido, por encargo de Ptolomeo II, fue el primer «rascacielos» de la historia, una torre poligonal de 120 metros de altura coronada por una estatua de Zeus Sóter, cuya luz se reflejaba en alta mar mediante una serie de espejos gigantes. Fue una de las siete maravillas del mundo.

Todo un emblema de la luminosa ambición del nuevo reino de Egipto. Los Ptolomeos se empeñaron en hacer de su ciudad el eje cultural del mundo griego. Invitaron a destacados eruditos y científicos a instalarse en sus centros de investigación: el Museo y su gran Biblioteca, que aspiraba a recopilar todos los libros escritos en griego. (Alcanzó a reunir 700 000 rollos de papiro; todos fueron destruidos unos siglos después). Con sus avenidas amplias y largas y su plano de planta hipodámica, con sus palacios y sus columnatas y palmeras, Alejandría ofrecía un claro contraste con la vieja Atenas de callejas tortuosas en torno a la Acrópolis. Era una metrópolis moderna, llana y con un gran puerto doble, con una población abigarrada e inquieta, que pronto llegaría al millón de habitantes. Una ciudad en la que destacaba un enorme palacio real, emblema de la modernidad, sin raíces antiguas ni pretensiones democráticas.

Los filósofos del helenismo, desapegados de la ciudad

Tanto Platón como Aristóteles pensaban, como antes Sócrates, y cada uno a su manera, que el filósofo estaba al servicio de su comunidad cívica, aunque eso le pudiera acarrear graves riesgos, como los que sufre el sabio que en el mito platónico de la caverna regresa tras haber visto la auténtica realidad para ilustrar a sus compañeros, o los que sufrió el mismo Platón en sus empeños políticos en Siracusa. Incluso un meteco, un marginado de la ciudadanía ateniense, como Aristóteles, piensa que la *polis* es el marco perfecto para una vida feliz.

En cambio, para los filósofos del helenismo, ya no cuenta ese destino cívico. Su actitud ante la ciudad es de indiferencia; no se sienten ligados a la tarea política. Esa actitud se expresa más radicalmente en algunos, como los cínicos, y algo menos en los epicúreos —alojados en su amistoso jardín en un arrabal de Atenas—, o aceptando cierta colaboración esporádica, como en el caso de los estoicos. Lo característico de todos ellos es que pensaban que un individuo puede realizarse y ser feliz al margen de lo colectivo, mientras que Aristóteles escribió que esa felicidad individual, autosuficiente, estaba al alcance solo de un dios o de un animal.

Ahora los estoicos proponen definir al ser humano no como un *zôon politikón*, sino como *zôon koinonikón*, es decir, no un «animal cívico», sino «social», definido por la sociabilidad o la comunicación entre todos los humanos, pues piensan que el «sabio» no está ligado a una ciudad, o a un país, sino que es «cosmopolita», es decir, ciudadano del mundo. Si bien los cínicos fueron los primeros en usar esa palabra, en el sentido de que un filósofo podía desarraigarse y vivir a sus anchas en el cosmos y sin ciudad propia —y el mejor ejemplo era Diógenes—, luego los estoicos recargaron el concepto con un sentido más positivo. El mundo entero, ese *kosmos* que, según los estoicos más optimistas, está ordenado por la providencia divina, o que carece de finalidad propia, según los epicúreos, es la patria sin confines que puede albergar al filósofo.

En la crisis de valores y la disolución de vínculos cívicos de la época, se intenta recuperar para el individuo la libertad que ha perdido el ciudadano. En la *autárkeia*, es decir, la *autosuficiencia*, encuentran los filósofos la base para la conquista de la felicidad. En esa búsqueda de la serenidad en un mundo turbulento coinciden todos, epicúreos y estoicos, cínicos y escépticos, por más que difieran en sus recetas médicas.

De nuevo, como hicieron los sofistas, los estoicos insisten en la distinción de *physis* y *nomos*, lo natural y lo convencional, y se denuncia lo artificioso e inestable de las normas tradicionales. En la oposición entre la opinión de los muchos (los incontables necios) y la razón austera del sabio solo esta parece el camino racional hacia la verdad y la justica. Sócrates ya lo había avanzado. Pero Sócrates aún creía en las leyes de su ciudad y murió por cumplirlas, en una muerte de una terrible ironía. Ahora, la triste experiencia colectiva del hundimiento de las democracias y la implantación de unas monarquías fundadas en el poder de los ejércitos motivaba la búsqueda individual de salvación propuesta por los filósofos.

Pero junto a la crisis política se da también otra más amplia, que abarca la falta de fe en los antiguos dioses y las tradiciones culturales. Las filosofías de la época procuran afirmarse como saberes de salvación y sendas de dicha y consuelo. La falta de fe en los valores de la sociedad tradicional hace del filósofo un predicador —pacífico y subversivo— de otro credo, y del filosofar un ejercicio para lograr felicidad. El individualismo es un rasgo ubicuo en toda la época; pero en su desarraigo cívico el individuo intenta sentirse articulado en el orden cósmico, y la propuesta estoica de que todos los humanos son hijos de un dios providente tendrá un éxito merecido. Por otro lado, los epicúreos negarán toda trascendencia: en un universo infinito y azaroso formado por infinitos átomos en combinaciones muy varias, el ser humano es solo un compuesto físico más, destinado a la muerte, pero que puede ser feliz gozando del placer y la amistad, apartándose de los torbellinos de la política y las vanas creencias.

El abandono de la religiosidad tradicional vinculada a la vida de la *polis* significó el triunfo definitivo de la religión individual. El individuo se hallaba ahora en medio de territorios inmensos, sometido por completo a la voluntad lejana del monarca de turno y convertido, de hecho, en un simple número más que debía afrontar en solitario todas sus necesidades espiri-

> tuales sin la protección corporativa que representaba la *polis* en este terreno, como señaló A. J. Festugière. Esta clase de necesidades individuales y trascendentes se traducía en el deseo de adquirir algunas certezas sobre la vida futura en un universo en el que los dioses tradicionales habían dejado de tener vigencia y sentido. [...]
>
> Con la ampliación de horizontes, que para muchos supuso la apertura de fronteras y la marcha a tierras de Asia, estas necesidades empezaron también a encontrar respuesta en cultos orientales que, aunque podían resultar extraños al principio a la mentalidad griega, poseían un enorme atractivo para los recién llegados por su colorido y el aparente espíritu de solidaridad y seguridad que proporcionaban a sus fieles. Cultos como el de Isis, la denominada Afrodita siria o la Gran Madre frigia, comenzaron a ganar seguidores entre los nuevos habitantes de los reinos helenísticos[8].

Algunos de esos cultos ofrecían a sus fieles, como antes lo hicieran otras sectas mistéricas (como la de los órficos y más tarde los cristianos), una promesa de felicidad para el alma tras la muerte, en un paraíso para los iniciados y los justos, en tanto que a los otros, a los no iniciados, les aguardaba en el más allá un castigo infernal como pago por sus crímenes y necedades.

Junto a ellos surgieron los cultos dinásticos en torno a los monarcas divinizados ya en vida, cultos mantenidos con pompa oficial y carácter político, al servicio de la propaganda regia. Estas prácticas, que encontrarán más tarde en la Roma imperial su manifestación más espectacular, tuvieron sus comienzos siglos antes en los varios reinos helenísticos.

La nueva mentalidad se refleja también en la literatura y en las ciencias. El período helenístico es momento de notables

---

[8] Gómez Espelosín. o. c., p. 540.

progresos científicos en muchos campos, desde las matemáticas y la astronomía a la geografía y la medicina, ciencias ya independizadas de la filosofía. A esta época pertenecen Arquímedes y Euclides, Eratóstenes y Tolomeo, entre otros científicos. El Museo de Alejandría intentó reunir a los sabios más destacados de muy diversas ciencias y recoger en su gran Biblioteca todos los textos griegos, miles y miles de rollos de papiro, ordenados y catalogados por Calímaco y otros bibliotecarios.

Surgen nuevos géneros literarios: la comedia nueva de Menandro, burguesa y sentimental, y, algunos siglos después, la novela de amor y aventuras. En ambas hay que destacar el abandono de los temas míticos y la exaltación del amor entre dos bellos y castos jóvenes. Concluyen siempre en final feliz los múltiples enredos y aventuras de los amantes, sucedan en un barrio de ciudad, como vemos en las comedias, o en escenarios de una pintoresca geografía, por los que peregrina la pareja de jóvenes enamorados novelescos. Aquí nace el alba del folletín romántico, y los viajes de los amantes culminan en felices bodas.

Bajo el poder regio, los ciudadanos no sentían el viejo anhelo de libertad. Todos eran súbditos de los monarcas, y en las ciudades proliferaban cortesanos y funcionarios y se hicieron más numerosos los soldados y los esclavos. Las nuevas tendencias de la literatura mostraban su interés en las peripecias de los individuos y la vida cotidiana, y en una poesía refinada y culta de selectos eruditos.

Como resumen final, citaré unas líneas de A. Bonnard:

> Tras la muerte de Alejandro, una civilización ya declinante desaparece, la de la Grecia de Solón, de Esquilo, de Aristófanes, caracterizada en su estructura política por la forma de la ciudad. Pero otra, que en algunos de sus aspectos prolonga la vieja cultura griega, está naciendo, es la que se llama civilización helenís-

tica. Su estructura política está totalmente cambiada. En las costas del Mediterráneo oriental y en el Oriente próximo como en Grecia, ya no hay restos de ciudades libres y democráticas. Cuatro o cinco grandes Estados, dirigidos por una dinastía principesca, ocupan ahora todo el espacio conquistado por Alejandro. En cada uno de ellos una gran capital administrativa y cultural mantiene aún, por la voluntad del príncipe más que por la del pueblo, y en condiciones sociales nuevas, el prestigio de las importantes obras literarias, el esplendor de la creación artística y sobre todo de los descubrimientos científicos. [...]

El hecho más destacable de esta época nueva es la desaparición del pueblo. No hay ya en estos grandes Estados, en estas ciudades muy populosas —como Alejandría, Pérgamo o Antioquía— no quedan ciudadanos libres. Nada más que una muchedumbre de súbditos. Un gran número de funcionarios que se ocupan de la administración complicada, meticulosa y ubicua del Estado. Y también una aristocracia de cortesanos y nuevos ricos, en torno a la cual pulula toda una clientela de libertos, un enjambre de parásitos.

El pueblo... ¿dónde está? ¿Será acaso, en las ciudades, esa masa confusa de individuos de oficios múltiples, de nacionalidades y religiones mezcladas, multitud sin gustos comunes, que une a duras penas una vaga lealtad hacia el soberano, pero sin comunidad de intereses, sin conciencia cívica ni una tarea entregada a la gloria de los dioses o el asombro de «la gente del porvenir»? ¿Va a ser acaso, en los campos, la población agrícola, a medias esclava y sometida, en Egipto, por ejemplo, a un terrible control?[9].

Ciertamente, las condiciones sociales podían variar de uno a otro lugar de tan vasto mundo. Eran varios los reinos surgidos

---

[9] A. Bonnard. *D'Euripide à Alexandrie*, Lausanne, Guilde du Livre, 1959, pp. 204-205.

del enorme imperio, troceado por sus ambiciosos sucesores, que Alejandro había conquistado y que, tras su pronta muerte, fueron de muy disputada herencia. Surgieron nuevos reinos y nuevas dinastías, y las fronteras se fueron dibujando después de duros enfrentamientos y batallas. Había diferencias entre unos y otros, y desde luego no era lo mismo habitar en el Egipto de los Ptolomeos o en Persia que en las ciudades espléndidas de la antigua Jonia, como Éfeso o Pérgamo; pero en conjunto podemos decir que por doquier hubo monarcas y monarquías. Y que la nueva época mandó al olvido los ideales de libertad e igualdad —*eleuthería* e *isonomía*— de la democrática Atenas. Muy lejos de aquella «escuela de Grecia» y de sus anhelos, el helenismo impone la renuncia al antiguo ideal cívico y el triunfo de otra sociedad, moderna y de amplio futuro, y marcado individualismo en todos los ámbitos.

Todo ese vasto mundo, un escenario de muy largos horizontes, diverso y a la vez unificado por la civilización y cultura del helenismo, será luego sometido por Roma, tras unos siglos de conflictos bélicos entre reinos y ciudades. Pero esto, ciertamente, es ya un capítulo distinto de la Historia Universal. Historiar el auge y el ocaso de esta época helenística merece, desde luego, otro relato.

III
Mitos y tradición literaria

Como la palabra *mito* se utiliza ahora con muy varios sentidos ('relato sagrado', 'cuento', 'ficción' o incluso 'personaje estelar'), conviene precisar su definición. *Mito* en sentido amplio es una «narración tradicional y memorable que habla de la actuación de seres extraordinarios (dioses y héroes) en un tiempo prestigioso y lejano».

Los mitos son relatos fabulosos que perviven trasmitidos desde lejos en el imaginario colectivo. Son algo así como «las historias sagradas de la tribu», vienen de muy atrás, nacieron mucho antes que la escritura y viajan durante siglos y siglos de generación en generación. «Los mitos viven en el País de la Memoria» (M. Detienne). Dan respuestas a los enigmas de la existencia humana evocando figuras y hechos prodigiosos de más allá de la realidad cotidiana, gestas de larga huella que marcaron para siempre el destino del mundo, en un tiempo primordial más allá del devenir histórico; relatos asombrosos y actuaciones sobrenaturales que exigen creencia y prometen acaso consuelo y felicidad. La mitología comparada nos muestra un escenario universal de perspectivas cósmicas.

El conjunto de mitos de una cultura configura su *mitología* tradicional. En todas las culturas, en su etapa arcaica, existe una propia y vivaz mitología. «Un pueblo sin mitos se moriría de frío», según escribió G. Dumézil. Porque ese entramado narrativo da la respuesta a la inquietud natural de los seres humanos, y su conglomerado de relatos ofrece una iluminación fabulosa y fantástica del mundo, y habla de sus raíces ocultas, es decir, de los seres divinos y las acciones que lo fundamentan. Como si el ser humano necesitara dar sentido a su existencia con esas historias que le hablan de un trasfondo sagrado, de presencias divinas más allá del presente efímero y su condición mortal.

En fin, a eso apuntan los grandes mitos, relatos mágicos y fundamentales de la cultura. Junto a los mayores, hay otros que explican puntuales misterios: por ejemplo, cómo surgió el fuego, cómo apareció la primera mujer, cómo fueron y desaparecieron los monstruos primigenios, cómo nació un determinado rito, quién inventó los reyes, etc. Las mitologías son muy variadas y dan una idea de la capacidad fantástica de la imaginación arcaica para forjar dioses y monstruos con las más abigarradas figuras.

Como han subrayado algunos antropólogos, los mitos fundamentan los usos y normas de una colectividad en su etapa primitiva, y no solo en esa época. En la mayoría de las culturas, los mitos están ligados a la religión y las creencias religiosas. Forman la narrativa esencial de las religiones y se conjugan con los ritos y ceremonias que con frecuencia evocan y representan sus momentos estelares. Pero incluso más allá de su vigencia religiosa los mitos perduran, aun cuando se eclipsan o desparecen las creencias que los sustentaban. Desarraigados de la ingenua fe primitiva, los relatos y las figuras míticas pueden perdurar en la literatura y en el imaginario colectivo. Eso es lo que sucede, en la cultura occidental, con la que llamamos «mitología clásica», es decir, el repertorio de mitos heredados de los griegos y romanos. La religión pagana fue abolida por el cristianismo, pero sus relatos de dioses y héroes han pervivido durante siglos manteniendo su extraño encanto y su fascinación en la literatura y la poesía.

Leyenda es palabra que procede del latín y no del griego. (El término *mito* viene de *mythos*, que en latín se tradujo por 'fábula'). *Legenda* significa en su sentido propio 'lo que ha de leerse', y frente a *mito* suele aplicarse a relatos no tan arcaicos ni grandiosos como los auténticos mitos, sino a otros posteriores a la escritura, atestiguados en la tradición popular y en latín tardío o en algunas crónicas medievales. También las leyendas perviven en la tradición y tienen un halo fantástico o maravilloso. Sus protagonistas suelen ser héroes (no dioses) históricos o casi históricos y evocan un cierto lugar y momento, al que la narración reviste de legendario prestigio. Valgan como ejemplo los relatos de la hagiografía cristiana, esas historias de santos que fueron tan populares desde la temprana Edad Media y hoy están casi olvidadas. (Es curioso el declive de las leyendas del santoral en contraste con la permanencia de los relatos más fantásticos de la antigua mitología grecolatina). Aunque a veces *leyenda* se usa como casi sinónimo de *mito* (por ejemplo, puede decirse «la leyenda de Alejandro» o «el mito de Alejandro»), al tratar de las culturas antiguas usamos los términos *mitos* y *mitologías*.

La mitología está unida a la religión en muchas culturas. Los mitos se presentan como la manifestación del mundo sobrenatural, a veces proclamada como santa y verdadera revelación por profetas privilegiados que transmiten el mensaje divino. En los mitos se anuncia y desvela la verdad invisible a quienes confían en la sagrada palabra profética. Para dejarla fijada para siempre esas revelaciones míticas pueden codificarse en «sagradas escrituras» (uno o varios libros, como los de la Biblia). Eso es lo que hacen las llamadas «religiones del Libro», cuyos «textos sagrados» dan a sus mitos sólida cerrazón y dogmatismo.

En muchas culturas los guardianes de la tradición de los mitos, quienes los cuentan y comentan son los sacerdotes. Pero en la cultura griega, con su religión politeísta, los encargados de la difusión de los relatos fueron los aedos y los poetas. Es evidente que una religión con diversos dioses y muchos héroes, sin iglesia dogmática ni libro sagrado, como era la griega, tiene una mitología más rica que una monoteísta. Y los mitos del legado helénico reviven de modo claro gracias a esa libertad narrativa que le da la transmisión poética. En una tradición así los personajes de los mitos logran nuevos perfiles y rasgos, y los héroes y dioses se humanizan y dramatizan (como ocurre con figuras como Prometeo o Dioniso, por ejemplo). Ya en Grecia los mitos fueron temas de la literatura, y como literarios perduran en nuestra tradición humanista.

Hasta qué punto la gente creía o cree en los mitos es muy difícil precisarlo. En una sociedad primitiva o salvaje los mitos ofrecen —como apuntamos— una visión ingenua del mundo que podemos suponer aceptable para una comunidad arcaica. Pero en una comunidad más desarrollada y moderna la cosmovisión objetiva se funda en la ciencia y la lógica. No obstante, la visión científica y la tecnología derivada no dan respuesta a los enigmas vitales, a las últimas preguntas sobre el sentido de la existencia. De ahí que siempre queden las creencias de la religión y los mitos —en su inmensa variedad— como promesa de sentido final, «una arriesgada apuesta», según Platón.

Por su función social los mitos se han usado también, sobre todo en el mundo moderno, como arma política. Proporcionan imágenes y figuras emotivas que pueden servir a la propaganda ideológica en una sociedad de masas. Que el fascismo manipuló el mito de la raza aria para sus propios fines es un ejemplo bien conocido. Cabe dudar si conviene hablar de «mitos políticos» o, más bien, de utilización política de esquemas míticos. A veces no es el mito entero, sino alguna secuencia o una singular imagen lo que se empela para impresionar a un nuevo público. Como sabemos, las estampas heroicas o los clichés míticos llaman la atención y sirven de reclamo. De modo muy gráfico la propaganda comercial recurre a veces a estampas míticas para promocionar algún producto.

En cuanto a los mitos clásicos —de griegos y romanos— ya solo como trasuntos literarios, es decir, despojados de la creencia religiosa, perduran con renovado fervor en incontables textos poéticos, y en teatros y cines; y hasta en las novelas nos topamos con los viejos y frívolos dioses y los admirables héroes (Ulises, Jasón, Aquiles, Medea, Helena, etc.). A veces modernizados o tratados con ironía, los héroes y dioses de los mitos griegos se resisten a desaparecer. Pues, desde luego, allí donde las figuras de la mitología clásica han perdurado con más fuerza y han renovado su encanto siglo tras siglo desde el Renacimiento es en las artes plásticas, en la pintura y la escultura. Basta darse un paseo por cualquier gran museo e imaginar qué empobrecido resultaría el arte occidental sin esas admirables y pintorescas figuras mitológicas.

La mitología, y puede decirse también en general de las mitologías, enriquece nuestro imaginario con un fantástico tropel de escenas festivas y multiformes. Más allá de lo real los mitos nos llevan, como sobre una alfombra mágica, a paisajes y encuentros de extraordinario hechizo. En fin, recordar esas estampas míticas —y contrastarlas con las de otras culturas más lejanas y menos familiares— puede resultar un buen ejercicio intelectual y una excursión fabulosa.

Del mito a los poemas homéricos. *Ilíada* y *Odisea*

El poeta épico es, ante todo, el transmisor de los relatos de la tradición mítica. Los mitos surgen en una época muy anterior a la introducción de la escritura que los fija en textos más o menos sagrados. Incluso la poesía épica griega que los difunde tiene sus orígenes en la narrativa oral, en cantos que se recitaban acompañados de ritmo y música rememorando repetidamente las gestas de los dioses y los héroes de otros tiempos. Esos poemas que troquelaban en sonoros versos los relatos tradicionales pervivían en el recuerdo del auditorio gracias al magisterio y al extenso repertorio memorizado por los poetas. Así fueron transmitiéndose de generación en generación ante un público que desde la niñez conocía los temas y los personajes de las gloriosas historias.

La introducción de la escritura alfabética, a finales del siglo IX y comienzos del VIII a. C., significó una revolución en el arte narrativo, al fijar por escrito los relatos, y ocasionó el abandono progresivo de la oralidad tradicional. La literatura griega, la más antigua poesía europea, nace entonces y guarda algunas huellas de la composición oral.

Conviene insistir en la capacidad de la poesía griega por colorear la trama de un mito tradicional con una vivacidad dramática y una emotividad que difunde en sus versos memorables el mensaje del mito. Esa poesía, infundiendo calor y vida a las figuras un tanto arquetípicas de los mitos, recoge y reinterpreta las tramas heroicas con una intensidad literaria que las hace inolvidables. O, dicho con una palabra demasiado gastada, *clásicas*, narraciones para siempre. La literatura nace con la aportación original y definitiva del más grande poeta griego, el autor de la *Ilíada* y la *Odisea*, de cuya vida no sabemos nada seguro y que conocemos por el nombre de Homero.

En la tradición de la épica oral que celebraba las glorias de los héroes (*kléa andrôn*) ningún otro ha sido recordado y solo Hesíodo, más o menos contemporáneo, autor de un tipo de épica sapiencial y más religioso y didáctico, se conserva a su lado. Conocemos el nombre y breves versos de algunos otros poemas de épica heroica —la *Tebaida*, la *Ilíou Persis*, los *Nostoi* o *Regresos*, entre otros— pronto perdidos. Y sabemos que hubo muchos otros sobre empresas heroicas en Tebas, Troya, etc. De ellos nos quedan muy breves fragmentos.

Recordemos, en primer lugar, que los poemas de Homero no tratan de contar ni resumir por entero los mitos que recuerdan. La *Ilíada* no narra toda la guerra de Troya y la *Odisea* desborda con sus novedades novelescas los márgenes del regreso de Odiseo según la pauta del relato tradicional. El objetivo de Homero no es didáctico como lo es el de la *Teogonía* de Hesíodo. Da por supuesto que su público conoce los mitos en su conjunto más amplio, y no solo los rememora, sino que recrea episodios y personajes con visión poética propia. La *Ilíada* no cuenta el origen de la guerra de Troya, ni su final, ni llora la muerte de su gran protagonista, Aquiles, ni la toma de la ciudad con el famoso truco del caballo de madera, ni su destrucción, ni otros episodios de la saga mítica. (Resulta curioso contrastar la información de la *Ilíada* con el docto resumen de la famosa guerra que ofrece el texto del erudito Apolodoro, en su *Biblioteca*, escrita unos mil años después de Homero, una visión del mito en su conjunto, y ahí vemos cómo la narración homérica corresponde a un segmento definido de la guerra de Troya). La *Ilíada*, en efecto, no cuenta los sucesos de los diez años del asedio de Troya, sino solo unos días de combates del último.

En ella tenemos la creación de un extenso poema, una epopeya de unos dieciséis mil versos (o hexámetros dactílicos). Siglos después, los doctos filólogos de la Biblioteca de Alejandría lo dividieron en veinticuatro cantos. La *Ilíada* presenta una magnífica estructura unitaria y dramática, como destacó el filósofo Aristóteles en su *Poética*. Hubo antes, sin duda, poemas breves sobre esos mitos, pero por sus dimensiones y su dramatismo esta obra es algo muy superior y distinto a los breves relatos como los que, en la *Odisea*, cantan aedos como Femio o Demódoco. Si bien el nombre del poema alude al asedio y las batallas en torno a Troya (llamada Ilión), el núcleo argumental, que ofrece el armazón dramático a la *Ilíada*, es «la cólera de Aquiles», tal como se proclama en el primer verso. Pero el desarrollo de ese núcleo dramático —la ira y el deseo de venganza del héroe protagonista— se entremezcla con numerosas escenas de batallas y diálogos, y, junto a Aquiles, en la obra figuran otros héroes y los grandes dioses. Ofrece un panorama de intensas pasiones y un inolvidable esplendor bélico y trágico. Es fácil rastrear el desarrollo del motivo aludido en sus momentos decisivos: comienzo de la ira, tras la disputa con Agamenón, en el canto I; rechazo de la oferta de amistad, canto IX; descalabro de los aqueos y muerte de Patroclo, cantos XI a XVI; regreso de Aquiles al combate y muerte de Héctor, canto XXII; encuentro final de Príamo y Aquiles, canto XXIV.

Se quedan en nuestra memoria muchos personajes de la *Ilíada*: están ahí los más famosos caudillos de ambos bandos, los dioses, vivaces y frívolos, y al fondo las decenas de «los pequeños combatientes», héroes brevemente evocados al encontrarse con la muerte a manos de un guerrero enemigo, y, tras los muros de Troya, hablan y lloran también unas figuras femeninas inolvidables: Hécuba, Andrómaca y Helena. Pero tal vez la aportación más personal de Homero está en la representación de los dos protagonistas del gran duelo final: Aquiles y Héctor.

Aquiles es el gran héroe protagonista. Hijo del rey tesalio Peleo y de la diosa marina Tetis, pertenece al repertorio mítico tradicional. El poeta resalta su carácter implacable y su perfil trágico. Sabe que morirá joven, y acepta su destino; tras la muerte de su amigo Patroclo lo vengará matando en duelo a Héctor. En el emotivo final, sin embargo, se compadece del viejo Príamo y devuelve el cadáver, cediendo a la compasión. Podemos pensar que ese hermoso final de la *Ilíada* —la gran escena del humanismo antiguo— es, probablemente, una invención de Homero.

Héctor, el más noble de los hijos de Príamo, es un personaje igualmente trágico, combate en primera fila sabiendo que morirá y su ciudad será arrasada. Tiene aires de un héroe moderno, pues no lucha por adquirir gloria o botín, sino por defender a su patria y su familia (por su mujer Andrómaca y su hijo Astianacte). De talante simpático y caballeresco, no parece un héroe mítico muy antiguo; acaso es invención de Homero. No es arrogante, como su hermano Paris, sino un personaje marcado por la fatalidad. Sus funerales en Troya cierran el poema. Entonan su planto Hécuba, su madre, Andrómaca, su esposa, y Helena, que recuerda su noble afecto. El final de la *Ilíada* es un homenaje del poeta a su héroe más humano.

Tanto en la configuración de estos caracteres, como en la de otros, como el orgulloso Agamenón, el prudente Odiseo, la melancólica Helena, el parlero Néstor, etc., se muestra el genio dramático de Homero, que de algún modo preludia la tragedia.

La *Odisea* cuenta las hazañas viajeras del héroe que le da nombre (Odiseo, en latín Ulises) y la protagoniza en todo momento; siempre está —incluso cuando, como en los cuatro primeros cantos, la llamada *Telemaquia*, se halla ausente— y es motivo de la añoranza de dioses y parientes. La narración comienza con una escena en el Olimpo donde aquellos discuten sobre cuándo va a volver a su isla, la pequeña y rocosa Ítaca, de donde partió veinte años antes navegando hacia Troya. El tema del poema es uno de los *Regresos*, *Nostoi*, que contaban las peripecias de los héroes aqueos al volver de Ilión. Ninguno fue tan enrevesado y tan duradero como el de Odiseo, que tardó diez años en alcanzar las costas de su isla, y que en el camino hubo de zafarse de lotófagos, lestrígones y cíclopes, escabullirse de las trampas amorosas de Circe y de Calipso, de las seducciones de las sirenas y, tras visitar el mundo de los muertos, para conversar con Tiresias en el Hades, cruzar el espantoso estrecho entre Escila y Caribdis. Esquivó la furia del dios Poseidón, y gracias a la hospitalaria acogida de los feacios, tras perder a todos sus compañeros y barcos en varios naufragios, Ulises llegó solo, al fin, a su isla. Y aun allí tendrá que eliminar a los numerosos pretendientes de su mujer, la casta y fiel Penélope, para recobrar su trono y su hogar. Todas esas aventuras marinas proceden del trasfondo mítico, de un *folktale* muy antiguo, con sus monstruos, magas y prodigios. Sin duda Odiseo viene de un mito anterior a Homero. Y ya en la *Ilíada* está caracterizado como un héroe de singular inteligencia y astucia.

Pero es en la *Odisea* donde Ulises, en sus múltiples encuentros y desafíos, cobra ese carácter singular que lo distingue como el más moderno de los héroes antiguos. El primer verso del poema lo llama *polytropos*, «el de muchas tretas», un epíteto que solo se aplica luego a un dios, el astuto y tramposo Hermes. Otros —como *polytlas* («muy sufrido»), *polymetis* («muy astuto»), *polyméchanos* («de muchos recursos»)— lo confirman. Gracias a ese talante animoso y astuto, el versátil Ulises se enfrenta con éxito a encantos y trampas de su itinerario marino, protegido por Atenea y Hermes, y vencerá al gigante Polifemo, y logrará triunfar de los más terribles peligros y volver a su anhelada Ítaca. Allí, al final le aguarda un terrible combate contra los pretendientes de Penélope, y de nuevo mostrará su valor guerrero, empuñando su gran arco y asaetando a sus rivales en una sangrienta escena con montones de cadáveres. Más allá del guerrero épico que luchó en Troya y que logró, con su invención del famoso caballo de madera, tomar con su hábil engaño la ciudad, se revela un aventurero de inaudita audacia e inteligencia.

Pero además Ulises resulta ser un estupendo narrador. No olvidemos que es él quien cuenta, en el centro del poema, en los cantos VIII al XI, sus aventuras marinas. Lo hace después de revelar su identidad en el banquete de los feacios, ante el asombro del rey Alcínoo y su corte. El misterioso náufrago que condujo a palacio la bella Nausica se descubre como un redomado contador de historias, mucho más fabuloso que ningún aedo. El relato en primera persona que hace Ulises lo define como uno de los grandes autores de cuentos fantásticos. (Es sabido que el buen narrador de aventuras fabulosas debe darles un tono autobiográfico, como harán, siglos después de Ulises, Eneas, Luciano, Simbad, Dante, Cyrano, Gulliver y el barón de Münchhausen). Las peripecias marinas sitúan a nuestro héroe no ya en los escenarios de la contienda troyana (como en la *Ilíada*), sino en los espacios fantásticos de los cuentos maravillosos, más universales que la épica.

Así se crea en la *Odisea* un nuevo paradigma de héroe, distinto de los semidioses como Perseo y Heracles, y también de héroes guerreros como Aquiles o Áyax, sus compañeros en la *Ilíada*. Aventurero solitario, errabundo y náufrago, que triunfa no por su fuerza ni el manejo de las armas, sino por su astucia y sus artes de seducción, por la palabra. Ávido de experiencias, vencedor de monstruos y de trampas, gracias a su *metis*, es decir, su inteligencia y astucia en un mundo que es más peligroso que el de la guerra. No va en busca de un gran tesoro —como Jasón—, ni se ufana de su triunfo en Troya, sino que quiere volver a su patria, a su isla pequeña y a su hogar familiar. Y realiza el camino con infinita paciencia, sagaz curiosidad y un coraje que recurre al engaño cuando no puede triunfar por la violencia. Ulises tarda diez años en regresar de la costa asiática de Troya a su isla de Ítaca, en el mar Jónico. En el camino pierde todos sus barcos y a todos sus imprudentes compañeros. Va hasta el Hades para indagar cómo regresar a su patria. No duda en rechazar la inmortalidad que le ofrece en su isla idílica la diosa Calipso, enamorada. Seductor de magas y de princesas, maestro en el arte de contar aventuras y de fabricar mentiras, disfrazado de viejo mendigo cuando la ocasión lo requiere y, al final, arquero implacable en su venganza, Ulises es un personaje mucho más complejo que ningún otro héroe antiguo.

La *Odisea* contiene varios escenarios y variados paisajes, con un montón de motivos míticos y una polifonía sin rival en la literatura clásica. En la *Odisea* la narrativa épica se desliza hacia lo novelesco, y deslumbra por la variedad inaudita de sus tipos humanos, tan diversos. Pensemos, por ejemplo, en sus figuras femeninas, como Penélope, Helena, Nausica, Circe, Calipso y Euriclea, o en esa figura del fiel Eumeo, el porquerizo, esclavo, pero de carácter más noble que ninguno de los pretendientes. Mientras que los dioses se van retirando —aunque también están ahí Poseidón, Atenea, Zeus, Hermes y algún otro— junto a los prodigios del escenario marino y mágico, el relato presenta unos personajes de cálida humanidad. Es un gran poema épico, sin duda, formalmente tan acabado como la *Ilíada*, pero que renueva la temática mitológica con otros horizontes fabulosos y un entramado más moderno.

No sabemos si el Homero autor de la *Ilíada* fue el mismo autor de la *Odisea*. La cuestión se ha discutido desde la Antigüedad y sigue siendo debatida en nuestros días. En todo caso, lo que importa es resaltar que el tono narrativo y el espíritu de una y otra epopeya son distintos. Sin duda ha podido influir en la nueva temática y la creación del tipo de héroe aventurero y taimado el interés del público de la época, en ese siglo en que los griegos colonizaban el Mediterráneo y se aventuraban, como hiciera Ulises, con sus frágiles naves, «raudas y negras» en el texto homérico, por el peligroso y misterioso mar, en busca de botín y otras tierras en costas e islas lejanas. Sí que resulta muy fácil comprender que se sintieran más interesados en los relatos de peripecias y aventuras marinas que en las hazañas bélicas de antiguos reyezuelos micénicos. Tanto Ulises de Ítaca como Aquiles y Agamenón pertenecen al mundo de los héroes, lejano y glorioso, pero a los oyentes de los poetas, en los puertos y las islas, les resultaba sin duda mucho más cercano el navegante heroico que desafiaba los riesgos del mar y buscaba el triunfo no peleando con las armas antiguas, sino con la astucia, la simpatía y la habilidad retórica.

Sabemos ahora que la guerra de Troya, mitificada por los aedos, tiene un cierto trasfondo histórico y que la ciudad de Príamo puede corresponder a una de las ciudades en ruinas de la colina asiática de Hisarlik, según las excavaciones arqueológicas que fueron iniciadas por H. Schliemann y han continuado hasta hoy. También otras historias míticas pueden albergar ecos históricos: el palacio cretense del Minotauro puede corresponder al palacio de Cnossos, excavado por Arthur Evans. Es más dudoso que lugares del Mediterráneo, como la ínsula de los feacios o la de los lotófagos o la de Circe, relacionados desde antiguo con las andanzas de Odiseo lo vieran pasar por allí. Pero esas curiosas referencias acreditan la difusión temprana del mito y sus sugerencias.

Los mitos sobre la destrucción de Troya y sobre el mítico rey de Ítaca existían desde luego antes de que el poeta de la

Ilíada y el de la *Odisea* compusieran sus obras inmortales; pero es a partir de esas dos narraciones escritas como esas tramas, con sus dioses y sus héroes, han quedado para siempre en los inicios de la literatura occidental y en la tradición de nuestro imaginario cultural. Hubo un Odiseo mítico antes del de Homero, pero el héroe inolvidable es ese tipo *polytropos* y *polymetis* que luego ha tenido tantas y tantas recreaciones y disfraces en la literatura europea, y se ha renovado en parodias modernas tan distintas como las de N. Kazantzakis y J. Joyce.

En el progreso de la narración desde el esquema mítico de fondo hacia formas más complejas y modernas, la *Odisea* representa un avance inolvidable. De algún modo, advertimos cómo marca sus distancias frente al poema guerrero, al que, por otra parte, continúa. No olvidemos que el joven Telémaco visita en el Peloponeso a los antiguos compañeros de su padre, Néstor (en Pilos) y Menelao (en Esparta), y que el final de la guerra de Troya se nos cuenta no en la *Ilíada*, sino en la *Odisea*. Odiseo viene del mundo bélico de Troya, pero en su viaje cruza escenarios fantásticos. Y, por otra parte, al describir la situación en Ítaca o al encontrarse con el porquerizo Eumeo, se aproxima a la narración realista, en ambientes muy próximos a su contexto histórico.

Eso lo señala de modo breve, pero muy sugerente, J. Redfield al comentar:

> El poeta de la *Odisea* es, entre otras cosas, el primer gran crítico de la *Ilíada*. Gracias a la supresión de la distancia épica, puede dramatizar la problemática del arte narrativo. Señala que las narraciones están suspendidas entre la realidad y la irrealidad, entre la historia y la fantasía, reclamando los méritos de ambas. El poeta tiene libertad para contarnos cualquier hecho atractivo sin renunciar a sus pretensiones de veracidad: en cierto sentido, está inventando el mundo que describe.

A partir de un trasfondo mítico y épico la *Odisea* avanza hacia una ficción sin trabas que combina, como la literatura más moderna, el realismo mágico y la fantasía.

Hesíodo

Las obras del segundo gran poeta griego, Hesíodo, nos ofrecen un tipo de poesía épica distinta de la homérica. Sus relatos cuentan un repertorio mítico tradicional, y el autor evidencia un deseo de ordenar los mitos narrados con claro afán didáctico. En la elección de esos temas mitológicos y en su manera de exponerlos se aleja de Homero. A poca distancia cronológica de este, es decir, a fines del siglo VIII a. C., Hesíodo compone en la zona de Beocia, y se presenta como inspirado por las musas. No celebra en sus hexámetros por extenso las hazañas de los grandes héroes ni las gestas bélicas, sino que canta el origen y la genealogía de los dioses, en la *Teogonía*, y comenta la dura condición del ser humano en *Los Trabajos y los Días*. Y es el primer poeta que nos habla, brevemente, de sí mismo, al contar cómo un día se le aparecieron y le hablaron las musas mientras guardaba su rebaño, y cómo tuvo que disputar su herencia con su hermano.

Es, ante todo, un relator de mitos, con estilo sucinto y espíritu diferente al de Homero, pues quiere presentarnos el mundo de dioses y héroes en conjunto, como un «maestro de verdad», revelando en formato épico una sabiduría sapiencial, un género de poesía que tiene, sin duda, precedentes orientales. Las musas le incitaron a cantar la verdad, y él asume un cierto papel profético. Y por otra parte, hay en sus versos notas muy personales, como en esos en que se queja de los duros tiempos en que vive, esa Edad del Hierro, peor que todas las anteriores. En la *Teogonía* predomina la estructura narrativa arcaica del catálogo de dioses y héroes, con sus relaciones mutuas, nombres y dominios respectivos. En cambio, en *Los Trabajos y los Días* encontramos una mayor variedad temática: ahí están mitos como el de las cinco edades del mundo, el de Prometeo y Pandora, la primera fábula (la del halcón y el ruiseñor), y consejos sobre tiempos y tareas del año. En su interés por la Justicia y la Verdad, y en su empeño por explicar el orden mítico del mundo, Hesíodo resulta un precursor de los primeros filósofos. Y, en tanto nos habla de su época y su propia existencia, anticipa el interés por el tiempo presente, casi como una muestra primeriza de la posterior poesía lírica.

Himnos homéricos

Los llamados *Himnos homéricos* forman una colección de breves poemas en honor de los dioses, de variada extensión y diversas épocas (del siglo VII al IV a. C.). Son poemas de carácter mitológico, compuestos en hexámetros, es decir, de formato épico, y de autores anónimos. Los más antiguos y extensos (siglos VII-VI a. C.) relatan famosos episodios del dios o diosa al que están dedicados, y seguramente se recitaban en fiestas o ceremonias religiosas. Ese es el caso de los himnos de Deméter, de Apolo, de Hermes y de Afrodita, muy interesantes por su conexión con los ritos locales y la religión arcaica, y a la vez, con un indudable atractivo poético.

La poesía lírica

Después de la épica, que cantaba las gestas del pasado mítico, aparece la lírica, un género de poesía que expresa las ansias e inquietudes personales de los poetas. Los primeros líricos —Arquíloco, Mimnermo, luego Safo, Alceo, Solón y Anacreonte, y Simónides— escriben en una etapa conflictiva, pero de gran riqueza creativa, la llamada «época arcaica» (siglos VII y VI a. C.), en la que surge una nueva conciencia del mundo y una nueva sensibilidad. En principio, esa poesía se cantaba acompañada por los acordes de la lira, y de ahí le viene su nombre. Se nos presenta en dos variantes fundamentales: puede ser monódica y coral, según la interprete el propio poeta o bien la confíe a un coro de voces. Y, por otra parte, ya no emplea el hexámetro, como la épica, en tiradas de versos paralelos, sino que está compuesta en estrofas con muy variados esquemas métricos. De ahí algunas distinciones: elegías, yambos, himnos, trenos, ditirambos, etc., según sus temas y sus muy diversas estrofas.

En las composiciones líricas el autor suele hablar de sí mismo, cuenta su sentir personal ante su mundo, sus conflictos y anhelos, sus amores y sus desasosiegos. Mientras que el poeta épico rememoraba las gestas de los antiguos héroes, ahora el poeta lírico «descubre su yo», sobre todo en los géneros de la elegía y el yambo. Canta sus propias experiencias, su sentir dolorido, su personal visión del mundo. Ahí están las angustias y rencores de Arquíloco, mercenario y enamorado, cínico y mordaz. Y las quejas de amor de Safo, que dice sus nostalgias de la amada perdida, su recuerdo de un huerto de manzanos bajo la luna esperando la llegada de la diosa Afrodita. Y las penas del desterrado Alceo, devoto del vino y del simposio. Y las reflexiones y anhelos del sabio Solón de Atenas, que invoca a las musas para que le ayuden a proteger a su ciudad alterada por las revueltas civiles y las ambiciones de bandos contrapuestos.

En los cantos corales, hechos por encargo, el poeta compone para un coro festivo que celebra los triunfos de algún contemporáneo (el que le ha encargado el poema). Así, Píndaro, el más importante de los líricos corales, exalta en sus *Epinicios* a los vencedores en los grandes juegos atléticos (Olímpicos, Píticos, Ístmicos y Nemeos). Esta resonante poesía hímnica acude con frecuencia, en sus brillantes imágenes y evocaciones, a figuras y ecos de los mitos, y especialmente a los poemas homéricos.

La elegía tiene tonos sentimentales y suele expresar quejas y reflexiones, mientras que el yambo es más coloquial, y a veces agresivo e irónico o vulgar. Los más famosos elegíacos son: Arquíloco, Mimnermo, Solón y Teognis; los líricos más clásicos son Alceo, Safo (ambos de Lesbos) y Anacreonte. En la lírica coral los dos grandes nombres son Píndaro y Baquílides.

Lamentablemente solo hemos conservado una pequeña parte de la lírica antigua. Muchos de los poemas preservados son fragmentos, y una parte ha perdurado gracias a las citas de otros autores o en textos breves de algunos papiros.

Tan solo de Píndaro (ya de pleno siglo V) ha llegado hasta nosotros algo más: cuatros libros de sus *Epinicios* u *Odas triunfales*, magníficas muestras de esa poesía coral, y unos pocos fragmentos del resto de sus numerosas obras. Tenemos también numerosos poemas de Baquílides, gracias a un descubrimiento bastante reciente de varios papiros.

También son poemas líricos los cantos de los coros en las tragedias y comedias. Generalmente tratan de temas míticos, en referencia a la trama en que se insertan, y alternan con las escenas dramáticas que son recitadas por actores, pero con marcados acentos personales. Es decir, tienen estilos distintos los coros de Esquilo de los de Sófocles y de los de Eurípides, y, desde luego, los de las comedias de Aristófanes poseen a veces una sorprendente musicalidad. Esa gran poesía dramática, acompañada por una música que se nos ha perdido, cantada y bailada por los coros, representa la culminación del arte lírico griego.

En la época helenística la lírica revive con tonos renovados en las poesías bucólicas o pastoriles de Teócrito y en los refinados y eruditos poemas de Calímaco. La tradición poética griega deja una enorme influencia en la poesía latina, en los tonos y temas de la elegía, que en Roma alcanzará un nuevo esplendor y prestigio clásico.

No debemos olvidar un género poético menor, heredero en parte de la elegía y el yambo, que es el epigrama; formado por unos pocos versos, dactílicos, como los de la elegía, pero ahora con un carácter muy variado y algo sentencioso, a veces con tono satírico o melancólico, apuntes chispeantes de un momento, una figura o un recuerdo. Poesía ocasional en apariencia, pero representada por una multitud de poetas, desde el siglo VI a. C. hasta el V d. C.; es decir, desde Simónides hasta Páladas, por citar dos autores de epigramas famosos. Cientos de epigramas griegos están recogidos en la extensa *Apología Palatina*. (También este tipo de poesía tendrá en Roma excelentes cultivadores, como Marcial y Juvenal).

El teatro griego. Tragedias y comedias

El teatro occidental es, radicalmente, una invención de la Atenas democrática. Tuvo desde sus comienzos, a fines del siglo VI a. C., un carácter religioso, popular y político. Es decir, se creó y mantuvo al servicio de la comunidad de ciudadanos, y fue amparado y sostenido como una institución de la polis. La tragedia nació en Atenas en tiempos del tirano Pisístrato, enmarcada en las fiestas en honor de Dioniso, un dios que favorecía las fiestas colectivas. La comedia surgió unos decenios después, ya hacia 480, y tuvo el mismo carácter popular.

Las representaciones dramáticas tenían lugar en el gran teatro de Dioniso, al pie de la Acrópolis, como ya dijimos. Al comienzo en un teatro de madera, y luego en un amplio escenario y graderío de piedra. Las obras se representaban en las fiestas anuales en honor del dios de la máscara, de la fiesta y del entusiasmo y el vino: las Dionisias y las Leneas, según hemos explicado anteriormente. Cada año se escenificaban unas doce tragedias y media docena de comedias. El dios Dioniso solo aparece en escena en una de las treinta y tres tragedias conservadas: *Bacantes* de Eurípides. (Que no es de las más antiguas, sino de las últimas).

El primer autor y actor, a la vez, fue Tespis, hacia 525 a. C. Pero de él casi nada sabemos. La primera tragedia que conservamos es *Los Persas* de Esquilo, que fue representada en 472 a. C., y que es muy singular por su tema: no pone en escena un mito antiguo, sino que evoca la tremenda derrota de los persas acaudillados por Jerjes en la batalla naval de Salamina (480 a. C.). Ninguna otra tragedia conservada trata un tema contemporáneo; todas aluden a episodios famosos de la mitología heroica. Los protagonistas de las tragedias son siempre héroes antiguos, acompañados por un coro, y a veces aparecen en escena algunos dioses, que suelen quedarse en el trasfondo. Las últimas tragedias conservadas son *Bacantes* e *Ifigenia en Áulide* de Eurípides (de 406 a. C.) y *Edipo en Colono* (405 a. C.) de Sófocles. Durante el siglo IV siguió habiendo teatro en Atenas, pero no hemos conservado ningún texto de esa época, lo que es, en efecto, un dato muy significativo.

Como apuntamos, el gobierno de la democrática Atenas consideraba muy importante el teatro, no solo para diversión, sino también para la educación de los ciudadanos. En el graderío cabían unos quince mil espectadores, o más, una representación muy amplia de los ciudadanos atenienses. En el centro de la primera fila se sentaba el sacerdote de Dioniso y en torno diversas autoridades. Asistían viejos y jóvenes y también metecos y visitantes extranjeros, y no sabemos si también algunas mujeres. (No tenemos datos precisos, pero parece probable). A instancias de Pericles se creó, ya mediado el siglo V, un fondo «teórico» con el que se pagaba la entrada a los ciudadanos más pobres.

Señalemos que la tragedia es religiosa en un sentido amplio. Se representan en las fiestas y el teatro de Dioniso, y muestran una concepción del mundo en la que, allá en el trasfondo, siempre están los dioses, aunque a veces la acción de esos dioses sea difícil de comprender para los humanos. En el teatro se representan tramas míticas que los espectadores ya conocen a grandes rasgos, pero la interpretación que los trágicos ofrecen invita a una reflexión en profundidad sobre el frágil destino humano, abocado a la catástrofe, a través de las figuras de los antiguos héroes, esforzados y sufrientes, en un mundo violento y terrible, en el que hay dioses, como apuntamos, pero a veces crueles y enigmáticos. Recordemos a personajes como Prometeo, Edipo, Antígona, Fedra e Hipólito, Penteo, etc. En ocasiones interviene un dios que salva una situación sin salida; es el recurso al *deus ex machina*, un manejo teatral de extraña eficacia.

En general, podemos señalar que las tragedias ofrecen una imagen doliente de los héroes de la épica. No tratan de la gloria heroica, sino del final trágico de los más grandes, como si la grandeza se pagara, a fin de cuentas, con el más penoso dolor, con la catástrofe. Así ocurre en el caso del Heracles de las *Traquinias* o de Áyax y Edipo en las piezas de Sófocles.

Según Aristóteles, en su *Poética*, el efecto de las tragedias en sus espectadores era una suerte de «depuración» de las emociones de «compasión» y «terror». En palabras griegas, una *kátharsis eléou kaì phóbou*. Es decir, conmovido a fondo ante los patéticos sucesos de la escena —muertes, angustias, desastres y crímenes familiares—, el público dejaba fluir sus propias emociones, se depuraba de esos excesos pasionales, tal vez derramaba llanto y sentía espanto, y luego, finalizada la representación, tras ver cómo los terribles destinos alcanzan a los héroes, y que incluso los más grandes no escapan a ellos, salía purificado de su compasión y su terror.

Por otra parte, aunque no lo diga el filósofo, el teatro ofrece una educación no solo sentimental, sino también de comprensión ante lo frágil del destino humano. Y eso lo advirtió Platón; pero, desde su propia perspectiva filosófica, idealista, él no estaba dispuesto a admitir que los poetas fueran adecuados educadores del pueblo. (Para una correcta educación, pensaba Platón, había que dejar esa enseñanza en manos de los filósofos de orientación platónica).

Tres grandes autores: Esquilo, Sófocles y Eurípides

Solo nos han quedado obras de los tres autores de tragedias más famosos. Son una breve parte de las muchas que produjeron. Se conservan siete obras de Esquilo, otras tantas de Sófocles y diecinueve de Eurípides.

El primero de esos tres grandes trágicos atenienses es Esquilo, que vivió entre 525 y 456 a. C. Su epitafio, en la comarca siciliana de Gela, lejos de su Atenas natal, recuerda que luchó en Maratón (490), pero no menciona su producción literaria. Esquilo fue, sin embargo, uno de los mayores autores de teatro de todos los tiempos. Es acaso exagerado llamarle «el creador de la tragedia» (título de un famoso libro de G. Murray), ya que es muy posterior a Tespis, pero fue sin duda él quien otorgó al género trágico su característica grandeza y su esplendor escénico. Amplió el número de actores frente al coro, dando así mayor amplitud a los tensos diálogos dramáticos, y, a la vez, concedió a los cantos líricos del coro una resonancia y solemnidad poética impresionantes. Compuso unas noventa tragedias, de las que conservamos siete. A veces desarrollaba un tema en tres obras seguidas, es decir, en forma de trilogía, como en la *Orestíada* (único ejemplo preservado de trilogía). Y según nuestras noticias logró el primer premio en el certamen de tragedias hasta veintiocho veces. Tanto *Los Persas*, la tragedia más antigua de las que nos han llegado, por su fondo histórico, como el *Prometeo encadenado*, tal vez su última obra, un conflicto entre dioses, muestran su original audacia en la elección de temas. Pensador de profundas convicciones religiosas, intenta subrayar que hay una Justicia divina que timonea el destino, y que la desmesura, la *hybris*, conduce a los héroes al error y la perdición (*ate*). Tanto Jerjes en *Los Persas* como Agamenón son héroes de trágico final. La *Orestíada* está formada por tres obras: *Agamenón*, *Coéforas* y *Euménides*. De las tragedias restantes, *Las suplicantes* y *Los siete contra Tebas* formaban parte de sendas trilogías, pero las demás piezas que las acompañaban se nos han perdido.

El epitafio antes mencionado dice así:

> A Esquilo, hijo de Euforión, cubre este sepulcro
> en la llanura de Gela, fértil tierra de cereales.
> Su valor podría decirlo el bosque sagrado de Maratón
> y el medo de larga cabellera, que bien lo conocen.

Sófocles (496-405) pertenece a una generación posterior, la de Pericles y Heródoto, la etapa del gran esplendor de la democracia ateniense. La tradición le atribuye unas ciento treinta obras —de las que conservamos tan solo siete—y pasa por ser el representante más clásico del drama ático. Consiguió muy frecuentes y continuos éxitos en la escena, que modernizó notablemente. Incorporó a un tercer actor en los diálogos, hizo progresar la escenografía (el decorado de fondo de las tragedias) y aumentó el número de los miembros del coro de doce a quince. Renunció a componer trilogías, y supo manejar de forma admirable la «ironía trágica» —es decir, el contraste entre lo esperado y lo real— centrando la fuerza emotiva de sus dramas en el carácter de los protagonistas. Sus héroes destacan por su noble y terco coraje ante la adversidad; van siempre solitarios y con una magnánima decisión de enfrentarse con un destino catastrófico. (Recordemos a su Edipo, su Ayante y su Antígona).

Una antigua sentencia afirma que «Sófocles pintaba a los héroes como deben ser, y Eurípides como son». Antes Esquilo había presentado dramas y personajes de grandeza magnífica, acaso un tanto arcaica; luego Eurípides los mostraría más inquietos, más inseguros, con críticas al propio mito, con rasgos realistas y análisis psicológicos más aguzados. Entre uno y otro, en la tensa construcción de sus dramas y en la configuración de sus rotundos protagonistas, e incluso en su lenguaje poético, Sófocles representa el momento de máxima madurez y equilibrio, lo que solemos considerar el pleno clasicismo. Resultan inolvidables personajes tan nobles y tan desdichados como Edipo y Antígona. Sófocles tuvo gran prestancia personal y una vida exitosa y aparentemente feliz, siempre estimado por sus conciudadanos, y murió a los noventa años, dejando como obra póstuma su *Edipo en Colono.* (En ella se despide de los personajes de la familia tebana que ya había presentado en su *Antígona* y su *Edipo rey*). Tras tan larga vida, de joven asistió al triunfo de Atenas en las guerras médicas y de viejo a los desastres de la guerra del Peloponeso, el destino le ahorró conocer la derrota final de su amada Atenas, en 404 a. C.

Eurípides (480-406) es, en varios sentidos, el más moderno de los tres trágicos. Por edad, pertenece a la generación de los grandes sofistas y de Tucídides, y es algo mayor que Sócrates. Muy influido por las ideas de la ilustración sofística, se mantuvo siempre apartado de la política y fue muy crítico respecto a la actitud imperialista que condujo a la guerra. De las noventa y dos obras que se le atribuyen conservamos diecinueve. Se mostró crítico y distante ante los ideales heroicos, y supo ahondar en la psicología y los conflictos anímicos de sus personajes, llevando a escena figuras femeninas —como Medea y Fedra— que escandalizaron sin duda por su audacia a los espectadores más conservadores. Del mismo modo ejemplificó la crisis del heroísmo en figuras como Orestes y Penteo. Las pasiones humanas y los impulsos irracionales cobran en sus obras tremenda agudeza. Algunas de sus tramas avanzan hacia el melodrama, como sucede en *Ión*, *Helena* o *Ifigenia entre los Tauros*, *y* en otras destacan apasionadas figuras femeninas (*Hipólito*, *Medea*); en ocasiones refleja la crueldad y los oscuros horrores de la guerra (*Hécuba*, *Troyanas*, *Suplicantes*) y otras veces mueve en escena a héroes demasiado dudosos (*Orestes*, *Ifigenia en Áulide*), de tal modo que, como se ha dicho, en sus obras se ve acentuada la crisis del noble sentido heroico.

Pero también sabe recobrar todo el patetismo y la tensión de la tragedia más paradigmática en una obra tardía como *Bacantes*, escrita tal vez en su exilio en Macedonia, donde murió lejos de su Atenas natal. *Bacantes* fue representada póstumamente, y es magnífica tanto por sus espléndidos cantos corales como por el conflicto impactante entre las dos figuras centrales de Penteo y Dioniso. Es esta la única tragedia conservada en que aparece en escena el dios del teatro. Hijo de Zeus y de la princesa tebana Sémele, el dios llega a Tebas con su cortejo de ménades para fundar sus cultos en la ciudad de su madre. Y allí se le enfrenta, queriendo defender la capital de los escandalosos ritos y del inquietante extranjero, el rey Penteo. El joven monarca, defensor de la ciudad y la tradición, acaba cruelmente desgarrado por las frenéticas ménades en una inolvidable escena de frenesí báquico.

A Eurípides sus conciudadanos le regatearon el éxito en los concursos trágicos en vida, pero tras su muerte fue el dramaturgo preferido durante toda la época helenística.

La comedia: Aristófanes y Menandro

Aristófanes es el único autor de comedias de la época clásica del que hemos conservado unas cuantas obras. Conocemos los nombres de otros: Magnes, Crates, Cratino, Éupolis, Ferécrates y Platón el Cómico, pero solo quedan esos nombres y breves fragmentos de sus creaciones. Sin duda, Aristófanes representó lo mejor de la Comedia Antigua, y las once obras conservadas nos dan una clara idea de su genial talento para la farsa escénica. Sabemos que compuso unas cuarenta y tantas (desde 427 a 386 a. C.). Vivió desde 445 hasta 386; es decir, pertenece a una generación intermedia entre la de Sócrates, nacido hacia 470, y la de Platón, nacido hacia 438. Muchas de sus obras se presentaron en los años de la guerra del Peloponeso, y por eso algunas son un alegato crítico y cómico contra el conflicto. Recordemos los títulos en orden cronológico: *Acarnienses* (426), *Caballeros* (424), *Las nubes* (423), *Avispas* (422), *Paz* (421), *Aves* (414), *Lisístrata* (411), *Tesmoforiantes* (411), *Asambleístas* (392), *Ranas* (405) y *Pluto* (388).

A diferencia de la tragedia, la comedia no toma sus temas de la mitología heroica, sino que inventa sus argumentos, casi siempre disparatados y fantasiosos con referencia al presente que critica, ofreciendo, en contraste, imágenes de otro mundo mejor, ese mundo utópico en que se empeña el héroe o protagonista cómico con sus ideas de salvación. El ingenioso héroe cómico sale triunfador de los obstáculos y los adversarios, y todo concluye en la fiesta y juerga final. Las comedias presentan un esquema formal bastante fijo, en el que alternan los episodios de conflicto con los cantos del coro. Y en un momento central ese coro, que a menudo da nombre a la obra, suele romper la ilusión escénica para dirigirse directamente al público (en lo que se llama la *parábasis*). Ahí Aristófanes mezcla la crítica política y social en unos tonos de sátira chispeante.

El héroe cómico se enfrenta al coro o es apoyado por este cuando busca una solución, fantasiosa y casi siempre disparatada, a la opresiva actualidad. Ya sea emprendiendo un viaje a los cielos montado en un escarabajo pelotero para rescatar la Paz, o fundando una ciudad utópica en las nubes, o forzando la paz mediante una huelga sexual, en *Lisístrata*, o mediante la toma del poder de las mujeres, en *Asambleístas*. Enfrentado a sus adversarios en uno o varios *agones* ('desafíos'), el héroe cómico triunfa. *Las nubes* es una comedia un tanto excepcional, que critica y condena la educación sofística, tomando como objeto de sus burlas a Sócrates, a quien se ve como un sofista caricaturizado cuya escuela es finalmente destruida. Más interesante y original es *Ranas*, una obra ya tardía, en la que se presenta al dios del teatro, Dioniso, viajando al Hades para resucitar a uno de los grandes autores trágicos fallecidos cuya ausencia deplora Atenas. El joven dios pensaba en Eurípides, pero, tras el *agón* en que se enfrenta con Esquilo, salva a este último como mejor educador de ciudadanos.

Las comedias de Aristófanes nos ofrecen una representación desenfadada, de chispeante humor, del pueblo ateniense, de sus hábitos y sus expresiones coloquiales, con una gracia ática fresca e inimitable, a la que no le faltan, en algunos cantos corales, muy claros tonos poéticos.

Platón presenta a Aristófanes en *El banquete* como un conversador ingenioso y ameno (aunque sabía que su comedia *Las nubes* pudo influir en la condena de Sócrates). Y a Platón se le atribuye el espléndido epigrama que dice:

> Las Gracias, deseosas de un santuario imperecedero,
> lo encontraron, al fin, en el alma de Aristófanes.

La comedia continuó ofreciendo sus representaciones con obras nuevas —como lo hizo la tragedia— a lo largo del siglo IV a. C. Pero tan solo poseemos algunas comedias de otro autor, famoso en su época e influyente en el teatro romano, que renovó el género con un nuevo estilo y una temática menos fantasiosa y más próxima a la comedia moderna de costumbres. Recordemos que la Comedia Antigua —la aristofánica— tenía partes cantadas y bailadas por el coro, asemejándose a los espectáculos de la revista musical, al *music hall*, más que a la comedia de costumbres. De ella se aparta la llamada Comedia Nueva que representa Menandro, que compone sus obras en la segunda mitad del siglo IV. Con sus escenas de costumbres, pintura de caracteres y enredos románticos, se aproxima al teatro burgués, abandonando la sátira de temas políticos y adoptando un tono a veces sentimental, con conflictos familiares que concluyen, como exige el género, con un final feliz. El amor romántico —entre jóvenes amenazados por las condiciones sociales y los amoríos e intrigas de los viejos— constituye el motivo central de muchas de estas piezas. En esos nuevos y repetidos conflictos burgueses descubrimos notas modernas: a veces la heroína es una hetaira o una joven prometida contra sus deseos a un viejo rico indeseable. Las obras no invitan a una risa desbocada como las de Aristófanes, y su mundo, reducido a menudo a un barrio de una ciudad y una o dos familias, no es ya el de la Atenas bulliciosa e inquieta del período clásico. Conocemos algunos textos de Menandro por citas antiguas y, sobre todo, por fragmentos en papiros descubiertos hace un siglo. Solo una obra, el *Díscolo* (el misántropo), se conservó casi entera. De otras, como el *Escudo*, la *Trasquilada*, la *Samia* o el *Eunuco*, solo quedan breves líneas. (Pero Menandro, como decíamos, fue muy apreciado e imitado por autores romanos, y eso nos da algunas noticias más). La pérdida es lamentable, ya que fue un autor de muy fino sentido psicológico, gran renovador y de refinado estilo.

La invención del relato histórico

Conviene comenzar recordando las primeras líneas del texto de Heródoto:

> Este es el resultado de la investigación de Heródoto de Halicarnaso, a fin de evitar que ni con el tiempo caigan en el olvido los hechos de los humanos, ni que las grandes y admirables gestas, unas realizadas por griegos y otras por bárbaros, queden sin gloria; y, especialmente, (explicar) por qué causa guerrearon unos contra otros.

Traducimos por «resultado de la investigación» las palabras: *apódexis historíes*. *Apódexis* significa 'demostración, exposición, informe, muestra evidente'; *historíe* es el nombre que a partir de aquí denominará un nuevo género de escritos: la Historia. El largo relato que encabezan estas líneas está escrito en prosa (y en dialecto jonio, como los de los filósofos presocráticos y los médicos hipocráticos). Ya en su forma se opone a los textos poéticos, pero sobre todo es importante que se presente como una investigación personal, de cuya veracidad el autor responde firmando con su nombre. Los historiadores siguientes seguirán ese ejemplo; no recurren ni a los versos ni a las musas: lo que escriben es su investigación personal. Su relato no es, por tanto, ningún *mythos*, sino un logos, aunque, como los poetas, escriben lo que saben para salvarlo del olvido. Muy importante es, como se destaca en la segunda parte del texto, que ya aquí el historiador ponga de relieve la distinción entre «griegos» y «bárbaros» (aunque sin tono despectivo para estos), y que como gran motivo de la narración se destaque «la guerra» entre unos y otros, y su motivación (*aitía*). Excelente manera de presentar una larga narración (una extensión formidable: nueve libros en muy atractiva prosa).

Heródoto es el primer gran historiador, el «padre de la Historia». Antes de él se escribieron otros textos informativos y en prosa mucho más breves y locales: los de los llamados «logógrafos». Y es justo recordar a su precursor más destacado, Hecateo de Mileto, de cuya obra solo nos quedan mínimos fragmentos. Pero bien merece citarse la frase con que iniciaba su *historíe*: «Hecateo de Mileto comienza su relato. Escribo lo que opino que es verdadero, pues los relatos de los griegos son muchos y ridículos, según a mí me parecen». He aquí una arrogante afirmación en que el historiador se presenta como buscador de la verdad (*tó alethés*) y crítico de los relatos tradicionales. Es decir, opone su «verdadero» relato a los «muchos y ridículos» mitos habituales.

La Historia nace, no por azar, en la misma costa y misma época que la Filosofía. Hecateo es de Mileto, la ciudad de Tales y Anaximandro; Heródoto es de otra ciudad cercana, Halicarnaso. (De allí saldrá luego pronto para recorrer como viajero muchas tierras y luego leerá su obra en Atenas, la ilustrada Atenas de Pericles y de los sofistas, y al final morirá en la ciudad de Turios, colonia panhelénica en el sur de Italia). La invención de la historia se funda en una mirada crítica, que, frente a los relatos de temas míticos de la épica, quiere salvar del olvido lo más interesante y grandioso del presente y del pasado próximo del mundo humano, al margen de los mitos, en una prosa precisa y verídica. Y esta historiografía revela y funda una «conciencia histórica», un nuevo camino del espíritu europeo.

Como sus temas no son ya los mitos heroicos del pasado lejano, sino grandes sucesos y hechos humanos dignos de admiración en el presente, tanto de los griegos como de los bárbaros, el historiador no solicita la ayuda de las musas, sino que escribe en prosa lo que él ha visto o investigado; frente a la épica, la *historíe* navega como un relato personal. Heródoto extiende su mirada hacia el mundo de los bárbaros en los primeros libros de su *Historia*, y escribe sobre Persia, Egipto, Escitia, y más tarde se concentra con mayor precisión en las guerras entre persas y griegos, las dos guerras médicas, determinantes de su época. Los cuatro primeros libros, con sus abigarrados y pintorescos *logoi*, son una clara muestra del tipo de historia que Nietzsche llamó «monumental», narraciones de un gran viajero fascinado por las maravillas y los fabulosos relatos sobre Oriente y Egipto. La otra mitad de su *Historia* se centra en el desarrollo del gran conflicto bélico que fue decisivo para Grecia, una experiencia gloriosa que sucedió en los años de su niñez y que él pudo conocer por testimonios próximos.

Como sucedió a otros historiadores griegos —Tucídides, Jenofonte, Teopompo, Polibio y Timeo—, la experiencia temprana del exilio le incitó a escribir con una visión panorámica de los hechos, a distancia y sin desvíos patrióticos. Sin embargo, con el orgullo de ser un griego libre y coetáneo de la ilustración sofística, quiso exaltar la aportación de la democrática Atenas a la defensa victoriosa de la libertad griega. Por otra parte, como su amigo y coetáneo el dramaturgo Sófocles, Heródoto mantiene una visión humanista y trágica del devenir histórico universal, acorde con la mentalidad arcaica que ve a los humanos como seres de incierto destino y ambición desmedida. Acaso en el trasfondo del acontecer están los dioses, pero el historiador ignora sus designios, imprevisibles. «Todo en la vida humana es azaroso», y además «La divinidad es envidiosa y perturbadora».

Frente a Heródoto, el ateniense Tucídides ofrece un planteamiento histórico muy distinto. Tiene un objetivo mucho más limitado. Escribe solo acerca de la guerra del Peloponeso y con una mirada crítica y política, muy divergente de la herodotea. (Tucídides, dicho sea de paso, no utiliza nunca la palabra *historíe*, sino el término de *syggraphé*, 'composición escrita', pues considera lo escrito como una garantía de precisión frente a los relatos orales, como esos cuentos y leyendas que recogía su precursor). Intenta un informe exacto y austero, precisando las causas y pretextos de las acciones bélicas, con una notable agudeza psicológica en sus análisis de los datos. Limita su horizonte a los conflictos bélicos y políticos de la Grecia contemporánea, en esa guerra de tantos años entre Atenas y sus aliados contra Esparta y los suyos, escribe rechazando cualquier eco mítico y tratando así de componer un relato tan racional y preciso que en su busca de la verdad resulte, según su propia frase, «una adquisición para siempre» (*ktema es aieí*).

A partir de los datos observados, como síntomas del proceso político que revela la naturaleza humana, como un médico que observa y analiza fríamente los síntomas del paciente y su enfermedad, Tucídides levanta su punzante diagnóstico de las causas y desastres de la guerra. La escena política desvela siempre, según él, la lucha por el poder nacida de la voluntad de dominio que es connatural a la naturaleza humana. Ambición, orgullo y miedo son impulsos primordiales de los conflictos políticos, y la guerra los pone cruelmente de relieve. El historiador enseña a distinguir «causas» de «pretextos», e incluso demuestra cómo en los momentos de aguda crisis el lenguaje mismo se manipula mostrando la descomposición moral de la sociedad. En la guerra también el Azar o la Fortuna (*Tyche*) juegan un importante papel, ya que puede desbaratar los planes y previsiones, como resulta claro en los trágicos vaivenes de la contienda. En las escenas de su *Historia* los dioses están del todo ausentes.

Tucídides no muestra ningún interés por los bárbaros, a los que en su conjunto considera inferiores a los griegos. Mientras que Heródoto —en sus primeros libros— destaca por su espíritu curioso y su talante de antropólogo primerizo, Tucídides refleja en su estilo austero, su mirada incisiva y su rigor analítico el modelo del historiador crítico. Es decir, el que servirá de paradigma a muchos grandes historiadores posteriores, y no solo a los griegos.

No debemos olvidarnos del tercer historiador del período clásico: Jenofonte. Nacido en Atenas hacia 430 a. C. —es decir, fue coetáneo de Platón y un breve tiempo discípulo de Sócrates—, tuvo luego una vida de aventurero, parte de ella exiliado de su ciudad natal. A la par intelectual y hombre de acción, pensador y soldado, Jenofonte fue escritor de muchas y variadas obras. Algunas de historia y otras de temática diversa. Citaremos los títulos y comentaremos muy brevemente las primeras: *Anábasis* o *Retirada de los Diez Mil*, *Helénicas*, *Agesilao*, *Ciropedia*, *Hierón*, *Constitución de los lacedemonios*, *Recursos económicos*, *Sobre el arte ecuestre*, *El jefe de caballería*, *Cinegético o Arte de la caza*, *Económico o la administración de la casa*, *Recuerdos de Sócrates o Memorables*, *Apología de Sócrates* y *Simposio*.

Como historiador, Jenofonte continúa en sus *Helénicas* la *Historia de la guerra del Peloponeso* de Tucídides; como discípulo (por unos pocos años) del dialogante Sócrates, recogió sus recuerdos en sus *Memorables*, su *Apología* y el *Simposio*, obras en que recuerda la silueta de su maestro. En la comparación con su coetáneo Platón o con Tucídides, Jenofonte queda un tanto mal parado, pues sus prosas y sus ideas carecen de la profunda genialidad intelectual de uno y otro; pero, al margen de eso, es un buen narrador de claro estilo y un testigo inteligente y honrado de su época. En las *Helénicas* narra lo acontecido desde 411 a 362 a. C., es decir, un medio siglo muy convulso en la historia griega, que va desde la derrota final de Atenas ante Esparta al declinar de esta ante Tebas en las batallas de Leuctra y Mantinea. Su relato es muy pragmático, pero en algunas escenas logra emotiva resonancia trágica.

Pero la obra más conocida de Jenofonte es la *Anábasis* o *Retirada de los Diez Mil*, en que cuenta su gran aventura al frente de la expedición de mercenarios griegos que contrató el príncipe persa Ciro el Joven para conquistar el trono imperial. Tras la batalla de Cunaxa, en que los griegos lograron la victoria, pero donde Ciro murió, los diez mil mercenarios tuvieron que retirarse, atravesando enormes y desconocidos espacios y acosados por numerosos enemigos, desde el interior de Asia Menor. Fue el propio Jenofonte quien tuvo que capitanear la larga y dura marcha hasta las orillas del mar Negro, en una muestra de coraje heroico que gracias a él tuvo largos ecos. Y Jenofonte la cuenta bien en un relato escueto, con detalles precisos y clara prosa.

Su *Agesilao* es una mezcla de biografía y encomio de ese rey de Esparta, un interesante caudillo guerrero y político, un texto pionero de ese género que halla su continuación y perfección en las *Vidas Paralelas* de Plutarco, muchos siglos después. En cuanto a su *Ciropedia* o *Educación de Ciro*, no se trata de un texto histórico, ni de una biografía, sino de un curioso escrito un tanto novelesco, que nos presenta como protagonista al gran monarca y fundador del Imperio persa, en un intento de diseñar la educación ideal del príncipe con un peculiar diseño pedagógico.

Es curioso subrayar que Jenofonte, que era un pensador tradicional, admirador del mundo dorio de Esparta, resulta en sus intentos literarios un precursor de nuevos géneros, como la biografía y la novela de aventuras, y el futuro «espejo de príncipes». Por otra parte, también merecen destacarse sus escritos referentes a los aspectos de la economía doméstica y la vida política. Gracias a la sencillez de su prosa y ese despejado horizonte ha sido un escritor muy leído y analizado por los estudiosos de la tradición clásica, desde el helenismo y el mundo romano, y también por los profesores de griego de diversas épocas.

Los tres historiadores clásicos pertenecen a tres generaciones sucesivas: Heródoto vive entre 482 y 425; Tucídides de 470 a 412; Jenofonte de 430 a 362. Las fechas y las distancias son muy sugerentes para entender bien el pensamiento de unos y otros. Heródoto vive los momentos del auge y esplendor de la democrática Atenas de Pericles, Tucídides asiste primero a la expansión y luego al amargo conflicto y el final del poderío ático, y Jenofonte nace como Platón en tiempos de guerra y será testigo de la larga crisis de su ciudad.

Géneros en prosa de la época helenística

En la época helenística, tras la difusión de la lengua y la cultura griegas al nuevo escenario de inmensos espacios conquistados por Alejandro, fueron la retórica y los géneros en prosa —como la historiografía y los tratados de ciencias y de filosofía— los que dieron las muestras más interesantes de la tradición literaria griega. En Egipto, por un lado, la fundación del Museo y la Biblioteca reunió a sabios y poetas doctos bajo el mecenazgo de la dinastía de los Ptolomeos. Allí brillaron Arquímedes, y Calímaco y Apolonio de Rodas, en los siglos III y II a. C. Más tarde, en una especie de renacimiento, la cultura griega recobrará un gran esplendor en el siglo II d. C. en las ciudades de Asia Menor, ya en época del Imperio romano, en tiempos de Adriano y Marco Aurelio, cuando surge la llamada Segunda Sofística, que produce grandes oradores, como Elio Aristides. En ese mismo siglo II destaca la extensísima obra científica del médico Galeno. Y, por su tono íntimo y personal, los apuntes del emperador Marco Aurelio, sus *Meditaciones*.

De esa época conviene recordar sobre todo los nombres y las obras de dos grandes prosistas: uno de ellos nacido en Beocia, Plutarco de Queronea (70-140 d. C), autor de los misceláneos tratados reunidos con el nombre de *Moralia* y de una serie de biografías de griegos y romanos, *Vidas Paralelas*; y otro, de origen sirio, pero gran maestro de la prosa griega, Luciano de Samósata (120-160 d. C.), que escribió con un humor peculiar y muy ágil estilo diálogos, sátiras, cuentos varios y relatos novelescos. Ambos autores tuvieron, desde el Renacimiento, una enorme influencia en escritores del humanismo europeo, como maestros en dos nuevos géneros menores y modernos destinados a una amplia difusión: la biografía y el ensayo.

También hay que señalar, como un trazo innovador del helenismo tardío, la creación de un nuevo género literario, el último de la tradición griega: la Novela. No la novela breve, que es muy anterior, sino el relato largo de ficción, en prosa y sin ningún trasfondo mítico, que narra las aventuras protagonizadas por una pareja de jóvenes amantes. Novelas que cuentan los viajes azarosos de los jóvenes y que concluyen siempre con un regreso y final feliz, en un matrimonio que se supone para siempre. Esos relatos vienen a ser como una aurora helénica del moderno folletín romántico.

Hemos conservado completas solo cinco novelas —de amor y aventuras—, y nombres y fragmentos de unas quince más. Son las siguientes: *Quéreas y Calírroe* de Caritón, *Antía y Habrócomes* de Jenofonte de Éfeso, *Leucipa y Clitofonte* de Aquiles Tacio, *Dafnis y Cloe* de Longo de Lesbos y *Etiópicas* de Heliodoro de Émesa. (Estas novelas se escriben desde el siglo I al III d. C.). Hoy día, sin duda, la más leída es *Dafnis y Cloe*, de trasfondo bucólico. Sin embargo, en los siglos del Renacimiento y el Barroco, la más influyente fue la de Heliodoro, que inspiró a Cervantes la trama de su *Persiles*.

Filosofía y saberes científicos

La filosofía no es solo un conjunto de teorías y saberes, no solo una herencia intelectual, sino que supone una actitud ante el mundo. Es una actitud y una actividad que surge de admirarse y preguntarse por la realidad y sus fundamentos, por el sentido del mundo y la vida, y promueve una búsqueda guiada por la razón, prescindiendo de las explicaciones tradicionales heredadas. De modo que no es una disposición natural e innata del ser humano —ya que se nace en una sociedad que ya ofrece y transmite esa explicación tradicional y religiosa del mundo—, sino una actitud y luego una tradición crítica muy singular que tuvo sus comienzos en una época precisa de la antigua Grecia.

Fue en el siglo VI a. C., en algunas ciudades de la costa de Asia Menor, como Mileto y luego Éfeso, donde aparecen los primeros filósofos. Fue en Mileto, una próspera urbe jonia en las costas del Egeo. En ese ambiente al que llegaban influencias orientales y donde la tradición religiosa no tenía fuerza dogmática, en un clima de libertad y de afanes racionales, algunos pensadores audaces se interrogaron por el verdadero fondo de la naturaleza, la *physis*, buscando un fundamento unitario y primordial que estaría en el origen del universo que percibimos. No polemizaron con los mitos y la religión tradicional, sino que prescindieron de ellos y se apoyaron solo en su razón para averiguar el principio universal de la naturaleza. (Unos decenios más tarde Jenófanes de Colofón criticará en sus poemas el antropocentrismo de los dioses griegos y le opondrá la idea de un único dios que todo lo ve y está en todas partes).

Tales de Mileto, considerado el primer filósofo griego y fundador de esa escuela milesia, dijo que «el fundamento (*arché*) es el agua». Se refería, creo, no solo al agua que rodea la tierra, sino al principio húmedo de donde proceden los seres vivos. Luego Anaxímenes propuso como principio universal «el aire», y algo después Anaximandro «lo infinito» (*tò ápeiron*), avanzando hacia un fundamento más abstracto del cosmos.

Acaso más importante que la respuesta precisa parece la pregunta inicial sobre qué hay como base de todo cuanto existe. Con ella se plantea la investigación mediante la razón y el razonamiento (el *logos*) de un fundamento cósmico que está más allá de lo que vemos. Y se inaugura la tarea de hallar una verdad más allá de lo sensible, que diera razón del cosmos. Se empeñaron en buscar la verdad (*alétheia*) que podían descubrir reflexionando e investigando, desconfiando de los viejos mitos e indagando, abriendo un camino de conocimiento de lo real mediante la razón.

Heráclito de Éfeso propuso como principio cósmico el fuego —que cambia en múltiples formas— y sugirió que la Razón, el *logos*, impone sentido al mundo que nos rodea, real y movedizo, cuya «naturaleza gusta de ocultarse» (según su famosa frase: *physis phileî kryptesthai*). Pitágoras de Samos, fundador de la escuela de su nombre, mantuvo que «lo esencial es el número», y por ello cultivó las matemáticas, y, por otro lado, expuso una revolucionaria teoría sobre el alma, que es algo inmortal y sobrevive al cuerpo, reencarnándose en varias formas y tiempos. La doctrina pitagórica habla de un juicio de las almas tras la muerte y su regreso al mundo en variadas metamorfosis.

Parménides de Elea expuso en un gran poema su teoría sobre el ser como único principio real, más allá de las vanas apariencias; y se le considera por tanto como el fundador de la metafísica. Frente a él, Leucipo y Demócrito ofrecen una interpretación atomista y materialista de todo lo real. El fundamento último es, según ellos, los *átomos*, partículas mínimas e indestructibles, invisibles en su pequeñez, que al unirse y separarse dan lugar a los cuerpos visibles. La muerte no es más que la disgregación de la estructura atómica de los seres.

Más tarde, ya en el siglo V, los sofistas se desinteresaron por esas inquisiciones de los «físicos». En una nueva dirección crítica, reflexionaron y teorizaron ante todo sobre los problemas de la sociedad, la cultura y la política. Cultivaron la retórica y ofrecieron sus ideas y enseñanzas en Atenas y otras ciudades, cobrando por sus lecciones en unos ambientes donde la democracia apoyaba una cultura ilustrada. Los más importantes sofistas fueron Gorgias de Leontinos y Protágoras de Abdera.

En ese ambiente ilustrado, junto a los sofistas, maestros itinerantes de brillante elocuencia, y un tanto en contra de su relativismo y escepticismo, se presenta la figura Sócrates, el ateniense, que marcará un nuevo rumbo para toda la filosofía posterior. No por sus obras, ya que no escribió nada, sino a través de su imagen evocada por su gran discípulo Platón, en sus *Diálogos*, y, también, en menor medida, por sus reflejos en otros pensadores, como cínicos y estoicos. Condenado a muerte por un tribunal popular, en 399, Sócrates es el inquietante gran mártir de la filosofía griega, una figura enigmática e inolvidable de muy larga sombra.

Platón

Platón (428-347 a. C.) escribió muchos textos filosóficos, y de modo muy singular lo hizo siempre en forma de *Diálogos*, en los que evoca a su maestro Sócrates como el personaje central de esos coloquios. No conocemos a sus precursores en ese género literario, pero en Platón el diálogo alcanza su madurez y logra su perfección filosófica. Todos los pensadores que luego han usado ese recurso —desde Aristóteles y Cicerón hasta Galileo y Berkeley— han aprendido de él, sin superar su soltura, su dramatismo y su variada temática. Antes y después de Platón la expresión del pensamiento filosófico ha sido sobre todo soliloquio, lección académica, meditación o tratado de rigor escolar. A lo largo de medio siglo Platón escribió más de treinta diálogos, usando el coloquio para mostrar el contraste de ideas y el empeño de hallar el camino hacia la verdad a través de esas conversaciones tan vivaces protagonizadas, a excepción del último y más largo, el de las *Leyes*, por ese Sócrates recobrado y platonizado.

Es fácil distinguir entre la larga producción platónica varias etapas. Primero los diálogos llamados «socráticos», breves y de cuestiones éticas; luego vienen los diálogos conocidos como «de madurez» —los más logrados en su forma literaria, como el *Fedón*, el *Fedro*, el *Banquete* y la *República*—; sigue una tercera etapa dialéctica o crítica —en que revisa su teoría de las ideas—; y, finalmente, el muy extenso y último, en el que no figura ya Sócrates: las *Leyes*. Los primeros conservan la imagen del Sócrates más histórico, un tanto escéptico; los otros desarrollan la teoría de las ideas, creación propia de Platón. A la discusión habitual, de preguntas y respuestas, se añaden, en los de la señalada segunda etapa, algunos relatos míticos fascinantes y de extraordinaria resonancia: mitos sobre el amor o el destino del alma inmortal o la propuesta de una sociedad utópica. Este Sócrates platónico, de acerada inteligencia e ironía deviene, en el avance de los textos, en portavoz vivaz de la Teoría de las Ideas y la Inmortalidad del Alma.

Desde la *Apología de Sócrates* y el *Critón* hasta las *Leyes*, con sus doce libros, la obra platónica se presenta como la culminación de la filosofía clásica. No solo por sus reflexiones e ideas, sino también como un legado literario de muy larga trascendencia.

Aristóteles

Tras Platón, la otra gran figura de la filosofía antigua es Aristóteles, cuya variada obra fue también decisiva en la historia de la filosofía posterior. Aunque estudió en la Academia,

Aristóteles fue un pensador muy distinto de su maestro y muy crítico con sus tesis, tanto por su orientación realista como por la exposición formal de sus ideas. Vale la pena anotar que mientras Platón fue un ateniense de noble familia, Aristóteles había nacido en Estagira, una ciudad de Macedonia, y fue por tanto no un ciudadano, sino un meteco en Atenas —como queda dicho—, donde trascurrió gran parte de su vida. Había nacido en 384 y murió en 322 a. C. Permaneció durante veinte años estudiando en la Academia de Platón, y la abandonó a la muerte de este, en 347, cuando al frente de ella le sucedió Espeusipo. Viajó luego por varias ciudades jonias y volvió a Macedonia al ser elegido por Filipo II como tutor de su hijo Alejandro. Durante dos años el filósofo aleccionó al futuro gran conquistador de Oriente, y esa relación entre ambos resulta muy sugestiva. A la muerte de Filipo, volvió a Atenas, en 336, y allí fundó su propia escuela de filosofía, el Liceo, permaneciendo allí hasta 323. Al conocerse la muerte de Alejandro, la ciudad se volvió hostil hacia los macedonios, lo que obligó a Aristóteles a exiliarse. Murió poco después, con sesenta y tres años, dejando una extensísima obra, muestra de la variedad de sus investigaciones.

Para dar una idea del conjunto y sin entrar en detalles precisos, podemos ordenar por campos temáticos los principales escritos del Estagirita. De lógica: *Categorías*, *De la interpretación*, *Analíticos*, *Tópicos*, *Refutación de los sofismas*; acerca de la realidad y sus fundamentos: *Metafísica*, *Física*, *Del cielo*, *De la generación y la corrupción*, *Del alma*, *Meteorológicos*, *Pequeños tratados naturales*; de biología y zoología: *Historia de los animales*, *Partes de los animales*, *Generación de los animales*, *Movimiento de los animales*; sobre moral y política: *Gran moral*, *Ética Eudemia*, *Ética Nicomaquea*, *Política*, *Constitución de Atenas*; sobre creación: *Retórica*, *Poética*.

Esta relación no tiene en cuenta las obras perdidas de Aristóteles, ni tampoco refleja la extensión de las citadas. (*Metafísica*, por ejemplo, está compuesta por 13 libros). Si de Platón conservamos la práctica totalidad de sus escritos, sabemos que de Aristóteles se han perdido algunos, como los diálogos que escribió en su primera época (el *Protréptico* y *Sobre los poetas*), y otros nos han llegado parcialmente (de la *Poética* nos falta el libro segundo, y sabemos que la *Constitución de Atenas* formaba parte de un estudio comparativo de unas ciento cincuenta constituciones políticas). Por otro lado, hay que señalar que algunas obras no fueron editadas, es decir, ofrecidas al público en una redacción definitiva, sino que son apuntes de la biblioteca del Liceo.

Como ya dijimos, los textos aristotélicos son tratados en prosa, redactados en forma de estudios científicos, en estilo austero, y sobre investigaciones muy concretas y precisas, en el caso de los textos biológicos, por ejemplo, o reflexiones críticas de alto nivel teórico. Aristóteles distingue tres clases de ciencias: las *teoréticas*, aquellas cuyo objetivo es el investigar y saber a fondo sobre los fundamentos de lo existente —la matemática, la física y la metafísica y la teología—; las ciencias *prácticas*, que tratan del actuar humano en el mundo social —la ética, la política y la económica—, y las *poéticas*, que estudian la producción de obras externas al agente —como la poética y la retórica—. En esta clasificación la lógica aparece como una propedéutica a las ciencias: es una metodología y un instrumento formal previo a la teoría y el progreso en las ciencias.

La mirada realista de Aristóteles sobre el mundo significa un rechazo del idealismo platónico, y una propuesta de estudiar todo lo existente —desde los más abstractos sentidos del ser y la existencia hasta los animales y las variadas creaciones de la cultura humana— con un obstinado rigor analítico; es decir, traza sus análisis y sus conclusiones tras una investigación a fondo, con una metodología que resulta a veces abstracta y otras más concreta, pero siempre con una perspectiva científica adecuada a cada objeto. Son múltiples los caminos que Aristóteles deja bien fundados y abiertos a la investigación posterior: por un lado, en la lógica y la metafísica, y por otro en sus estudios sobre la biología y las ciencias naturales. Su obra poliédrica nos lo muestra como el gran teorizador y explorador de la vasta realidad en sus múltiples aspectos, y luego, a la postre, viene a postular una visión final del orden cósmico, en el que todo queda ordenado como un universo movido por su tendencia a la perfección. Esta concepción teleológica de Aristóteles, según la cual en el universo todas las cosas se encuentran ordenadas a un solo fin, será retomada luego por la filosofía tomista.

En el célebre cuadro de Rafael *La escuela de Atenas* están representados los grandes filósofos que fueron la gloria de Grecia: Platón aparece con un dedo en alto apuntando hacia el cielo, Aristóteles, de figura más joven, con un dedo apuntando a la tierra. En esos gestos alegóricos el pintor renacentista ha querido reflejar una de las interpretaciones clásicas de la oposición entre platonismo y aristotelismo. Platón, el filósofo de las Ideas, aparece como quien ha desesperado de la realidad sensible y ha buscado en el cielo inteligible los principios explicativos de la esencia de los seres; y Aristóteles está representado como quien ha hecho la apuesta contraria, y, después de reprochar a Platón la separación entre lo sensible y lo inteligible, ha buscado en la realidad misma, sin prejuicios idealistas, definir sus rasgos constitutivos.

Calificar a Aristóteles de «realista» es adoptar una interpretación muy difundida y atinada del aristotelismo frente al platonismo. Pero, con todo, el discípulo de Platón simpatiza en el fondo con él en su visión teleológica del cosmos movido y orientado por un dios, esa divinidad a la que él llama el «motor inmóvil», una tesis que nos recuerda la teoría platónica de que todo se mueve por su tendencia final hacia la divina Idea del Bien.

Los filósofos helenísticos. Epicúreos y estoicos

Frente a las escuelas filosóficas de Platón y de Aristóteles, a fines del siglo IV a. C. aparecen en Atenas otras dos: la epicúrea (llamada «del Jardín») y la estoica (la de la Estoa, es decir, del Pórtico). Ambas perdurarán como rivales de la Academia y del Liceo durante siglos. Una y otra responden a las inquietudes de una época en la que la autonomía democrática de Atenas declina y la ciudad entra en una crisis política de larga duración, sometida al poderío militar de los macedonios primero y, unos siglos después, a los romanos conquistadores. Más allá de su antagonismo doctrinal, los epicúreos y estoicos coinciden en ofrecer la filosofía como un camino de felicidad y salvación, frente a una sociedad poco libre, confusa y falta de ideales colectivos. En tanto que, al margen de ellos, hay que destacar la aparición de otras dos tendencias filosóficas mucho más radicales en sus críticas y su rechazo de la sociedad y sus valores: las de los cínicos y los escépticos. Todos estos filósofos postaristotélicos postulan que solo el verdadero filósofo pude ser de verdad feliz y libre; solo quien practica de modo auténtico la filosofía puede ser visto como un sabio, un *sophós*, opuesto a la mayoría necia. Las escuelas filosóficas ofrecen sus ideas como un fármaco frente a la angustia y la crisis política y moral de la época. La *polis* ya no es un marco de libertad y amistad.

El individualismo es una característica de la época. Epicúreos y estoicos se desentienden de la felicidad de la colectividad cívica, como de un lastre, y se ocupan solo de la felicidad individual. Mientras que en la Academia y en el Liceo se sigue conservando el programa escolar donde las lecciones de metafísica alternan con otras científicas, en la línea de sus fundadores, en el Jardín y en la Estoa el filosofar tiene una finalidad ética personal. Para estoicos y epicúreos el filosofar es, sobre todo, una propuesta para la vida feliz, logrando la serenidad de ánimo, sin temores ni pasiones.

Más allá de ese objetivo común, las dos escuelas se oponen radicalmente en sus tesis básicas y sus recetas morales.

Para Epicuro la felicidad se funda en el placer y en la ausencia de temor, dolor y angustia. A tal fin propone un conocimiento científico de la naturaleza, adoptando la teoría atomista postulada antes por Demócrito y señalando cómo es muy fácil lograr la dicha con placeres naturales y sencillos, rechazando como falsas las creencias sobre la muerte y el más allá y renunciando a los vanos deseos y ambiciones. En su sistema materialista niega la pervivencia del alma: también esta, compuesta de átomos, muere con el cuerpo. Por otra parte, desaconseja la actuación política y la búsqueda de fama y honores, causa de incontables pesares, y resalta la importancia de la amistad, la vida sencilla, retirada y estudiosa entre amigos —como la que transcurre en su Jardín— para una existencia feliz.

El fundador de la Estoa, Zenón de Citio, proclama que solo la virtud (la *areté*) es el camino seguro hacia la vida feliz. Heredero, en principio, de algunas ideas cínicas, y recordando el ejemplo de Sócrates, también él ve en el «sabio» el prototipo ideal del hombre feliz. Más allá de las penas y dolores y de los accidentes posibles, el *sophós* desapasionado se mantiene sereno y ecuánime, como la roca en el oleaje marino. Los estoicos piensan que lo real es la manifestación de un orden superior, y que el cosmos tiene su sentido y está guiado por una divinidad providente. El estoico sabe acomodar sus acciones a ese sentido que marca la divinidad que es Razón y Providencia, y el ser humano, dotado de comprensión e inteligencia, ha de cumplir con su deber en el todo.

Los textos de Epicuro (que había escrito muchos libros) se perdieron pronto, y tan solo conocemos sus ideas por tres cartas que las resumen, las *Máximas Capitales*, y por fragmentos y citas. También se han perdido los escritos de Zenón y los muy extensos de Crisipo de Solos, los dos grandes maestros griegos del estoicismo. Pero afortunadamente tenemos textos de otros estoicos, como los de Epicteto, y ya en el mundo romano, los de Séneca y el emperador Marco Aurelio, todos ellos autores de gran perfil literario propio. También conviene recordar que Cicerón en sus escritos de filosofía resumió con agudeza lo esencial de una y otra escuela.

A lo largo de siglos los epicúreos se mantuvieron muy fieles a las enseñanzas del fundador de la escuela. (No olvidemos que Lucrecio en su *De la naturaleza* vertió en espléndidos versos latinos la *Física* de Epicuro).

En cambio, los estoicos posteriores a la primera época ateniense de la escuela introdujeron algunos notables retoques en sus doctrinas éticas. Dejaron a un lado las teorías de la lógica y la física y se centraron en la ética, en la búsqueda de la virtud como base de la felicidad y serenidad del sabio estoico. Fueron suavizando la severidad inicial y trataron de ofrecer una ética más acomodada a la sociedad de su tiempo. Admitieron que el filósofo debe colaborar en orientar la sociedad hacia el bien con su teoría de los deberes, y ser consejero de los gobernantes, como lo fue Séneca. Suele admitirse, tomando en cuenta esos matices, que hubo una Estoa Antigua (la de Zenón), una Media (Crisipo) y otra Nueva (Séneca, Epicteto y Marco Aurelio).

También en la tradición platónica se dio una importante renovación de las ideas en metafísica y teología: el Neoplatonismo (siglos II y III d. C.), con grandes pensadores idealistas de gran resonancia, como Plotino y Porfirio. El platonismo tuvo, por otra parte, gran influencia en la teología del cristianismo.

Las cuatro escuelas filosóficas se mantuvieron en Atenas durante siglos. La última en desaparecer fue la Academia de Platón, cerrada por el emperador de Bizancio, Justiniano, en 529.

IV
Tradición y pervivencia

Religión, mitología y literatura

Los griegos eran un pueblo muy religioso. En el centro de sus ciudades erigían los templos a los dioses, así como en otros muchos lugares especialmente dedicados al culto de una u otra divinidad. Las fiestas de carácter religioso y, a la vez, cívico, con sus ceremonias colectivas, marcaban los días consagrados a tal o cual dios a lo largo del año. (Por ejemplo, en Atenas se celebraban con especial brillantez las Panateneas). Y, por otra parte, existían centros de culto especialmente prestigiosos, con apertura panhelénica, reverenciados por todo el mundo, como los santuarios de Apolo en Delfos o en Delos, o el de Zeus en Olimpia. Sacerdotes y sacerdotisas cuidaban en cada templo de las ceremonias del dios o diosa locales.

No existió en Grecia una iglesia con organización jerárquica, pues cada santuario tenía sus propios cuidadores y su propia organización, que podía ser un tanto compleja, como la del templo oracular de Apolo en Delfos, por ejemplo, con su sacerdotisa, la famosa Pitia, y los sacerdotes que allí procuraban ofrecer las respuestas proféticas del dios a las consultas de los peregrinos.

La religión comprende tanto el culto como la mitología, tanto los ritos como los mitos, y exige además una actitud de veneración y de creencia en los seres divinos. No podemos ahora detenernos en los aspectos más complejos de la religión griega, ni en la variada historia de los diversos cultos. Subrayemos que, en un sistema politeísta, como el griego, es muy importante la relación mutua, incluyendo la jerarquía, entre los diversos dioses de la amplia familia olímpica. Cada una de las grandes divinidades vela por una parte del mundo, y algunas tienen el patrocinio de una ciudad o un territorio. Atenea es la diosa patrona de Atenas, Poseidón de Corinto, Hera de Argos, etc.

Es evidente que la religión griega, con su politeísmo, ha heredado la estructura fundamental de la religión indoeuropea, y la familia olímpica —constituida en torno a Zeus como padre y soberano, solemne en su trono, el dios del rayo y las tormentas— es un reflejo del panteón común a los pueblos indoeuropeos, en su núcleo básico. (De ahí sus notorios paralelos con el mundo de los dioses romanos, germanos, etc.). Pero en el conjunto divino se introducen además dioses de otro origen, como es el caso de Dioniso, que pudo ser probablemente un dios mediterráneo, un invitado tardío del Olimpo. En fin, el conglomerado religioso helénico resulta abigarrado y complejo.

El cristianismo, con su Dios único, vino a desterrar el culto de las antiguas divinidades. Ese proceso histórico de «la muerte de los dioses» está muy bien fechado. El politeísmo fue prohibido y reprimido tajantemente en tiempos del Bajo Imperio romano. Los decretos de los emperadores Constantino primero y luego Teodosio a favor de la nueva religión, convertida en la oficial y única del Imperio en el siglo IV, zanjaron la cuestión.

En tiempos de Teodosio culmina con la proscripción y persecución de todos los cultos paganos.

Los doce grandes dioses

Dejando aparte la referencia a los diversos cultos, apuntemos tan solo una breve relación de las figuras más importantes del antiguo y clásico politeísmo.

Hijos de Cronos —destronado por Zeus— son seis: Zeus, Hera, Hades, Poseidón, Deméter y Hestia. Seis son también los hijos de Zeus: Atenea, Ares, Apolo, Ártemis, Hefesto y Hermes. A ellos vino a sumarse Dioniso, hijo de Zeus y de la mortal Sémele.

Zeus tiene el poder supremo y ocupa su trono en lo alto del monte Olimpo. Es el dios del cielo y de las tormentas, y blande en sus manos el rayo como signo de su poderío celeste. Pero también es el dios de la justicia, protector de los juramentos y los peregrinos. Es el padre de las divinidades más poderosas, y tiene a su lado su águila, su animal simbólico.

Hera, su hermana y esposa, es la venerable divinidad protectora del matrimonio, y madre de los dioses Ares y Hefesto.

Hades y Poseidón son también hijos de Cronos, y con Zeus se repartieron el dominio del mundo. A Hades le correspondió el ámbito sombrío de los muertos, el Hades subterráneo. Está casado con Perséfone, a la que raptó, la hija de Deméter.

Poseidón obtuvo el dominio del mar y el poder de sacudir la tierra con su tridente, causando así los terremotos. Está casado con Anfitrite, una bella nereida.

Deméter es la diosa de las cosechas y los campos, especialmente de los cereales. Hestia es la diosa del hogar, guardiana del fuego familiar.

Afrodita, diosa del amor y el impulso sexual, ha nacido del mar, fecundado por el semen de Urano. (En alguna versión, en Homero, por ejemplo, aparece como hija de Zeus). Como diosa del impulso erótico, su poder se extiende sobre todos los seres vivientes.

Atenea, la diosa de la inteligencia, nació de la cabeza de Zeus, en un parto maravilloso. Es la patrona de Atenas y su animal simbólico es la lechuza.

Ares, dios de la guerra, es hijo de Zeus y Hera. (No es un dios simpático, ciertamente, y en Grecia no tuvo tanta gloria como alcanzó Marte en el mundo romano).

Hefesto es el dios del fuego y de la fragua, patizambo y mañoso fabricante de armas y otros utensilios. Está casado con la bella Afrodita.

Apolo y Ártemis, ambos rubios y arqueros, son hijos de Zeus y de Leto. Apolo ama la música y el canto y está acompañado por el coro de las nueve musas cantoras. Es también el dios de la adivinación y las purificaciones. Un dios luminoso, que luego se identificó con el sol (sustituyendo al dios más antiguo, Helios). Y de igual modo Ártemis vino a sustituir a Selene como divinidad lunar.

Hermes, hijo de Zeus y la ninfa Maya, es el dios de los ganados, y un singular, veloz e inteligente mensajero de los dioses, muy cercano a los humanos, patrón de comerciantes, viajeros y ladrones. Empuña una varita mágica llamada «caduceo».

Dioniso, también llamado Baco, es hijo de Zeus y Sémele, y reúne muy extraordinarios poderes. Es el dios del entusiasmo y la embriaguez, del vino y del teatro, de la máscara y la fiesta orgiástica. Le acompaña un cortejo de sátiros y bacantes o ménades, que bailan al son de panderos y címbalos. Se le representa en época tardía viajando en un carro tirado por panteras en compañía de su amada, la bella Ariadna.

Además de en estos grandes dioses, los griegos creían en una serie de figuras de menor categoría, como el agreste y lascivo Pan y la maléfica Hécate, diosa nocturna y hechicera, y otros diversos seres anónimos, emboscados en la naturaleza salvaje o en las aguas, semihumanos y semidivinos, como las ninfas, los sátiros y los tritones marinos y las nereidas, y en otros de rango celeste, como las musas, hijas de Zeus y Mnemosyne, que forman el citado coro de nueve hermanas que acompañan a Apolo y que inspiran los cantos de los poetas.

Tal vez el trazo más destacado de la mitología griega, junto al establecimiento de la familia olímpica, es la importancia que en ella tienen los héroes. Instalados entre los dioses inmortales y los humanos, los héroes tienen un esplendor muy significativo en la tradición literaria y en el culto cívico. A veces llamados «semidioses», *hemitheoí*, nacen y mueren como los humanos, pero por sus hazañas famosas y memorables reciben un culto propio y una gloria imperecedera. Como ejemplos de audacia están recordados ya en la épica y luego en la lírica y la tragedia. Su fama los eterniza, más allá de la muerte inevitable. Algunos de ellos son hijos de un dios y una mortal o de una diosa y un héroe. Por ejemplo, Heracles es hijo de Zeus y Alcmena, y Perseo de Zeus y Dánae; Aquiles es hijo de la divina Tetis y del rey tesalio Peleo, etc. Otros son reyes, pero sin abolengo divino, como es el caso de Odiseo y de Edipo. Alguno, excepcionalmente, como Heracles, fue luego llevado al Olimpo.

Los mayores héroes han contribuido a mejorar y humanizar el universo, aniquilando monstruos, despejando caminos, fundando o defendiendo ciudades. Algunos son grandes aventureros, como Jasón o Ulises; otros, vencedores de terribles monstruos, como Perseo, Teseo y Heracles. Los hay que actúan en escenarios fabulosos, como Heracles o Perseo, y con la ayuda de medios mágicos; otros en un espacio y un tiempo más cercanos, menos fantasiosos, como los que lucharon en torno a las ciudades de Tebas o Troya. Los héroes son los protagonistas de los grandes relatos míticos, con sus resonantes aventuras y sus fieras pasiones. Los cantos épicos rememoran sus triunfos; las tragedias, sus catástrofes y sus patéticas muertes. Son ellos, más que los dioses, quienes ilustran la grandeza y la fragilidad de la condición humana en su nivel más alto.

Seguramente fue en los siglos de la llamada «época oscura» (XII al VIII a. C.) cuando en una sociedad sin escritura, nostálgica de un pasado glorioso, se fueron configurando las historias de los héroes que luego recogió la literatura. La tradición oral fue difundiendo esos relatos sobre los grandes aventureros y guerreros de antaño, de ese fabuloso pasado que Hesíodo llamaría «la edad de los héroes», un tiempo mítico en el que los dioses estaban más próximos a los humanos y en el que actuaban con su audacia incomparable tan espléndidos personajes, los héroes.

De los dioses griegos nos admira su honda humanidad, manifiesta tanto en esa relación con los héroes, como en sus mismas figuras, tan semejantes a la de los seres humanos, y en su modo de sentir y su relación con el mundo. El antropomorfismo es un trazo fundamental de la mitología griega. También los dioses han surgido en el mundo, donde una vez nacidos existen para siempre, felices y poderosos, como cuenta Hesíodo en su *Teogonía*. Aunque tal vez nos pueden parecer «demasiado humanos», no deja de admirarnos ese bello humanismo que poseen y que los hace tan distintos de las terribles figuras divinas de otras mitologías. Como ya subrayó Nietzsche, «los griegos ven a los dioses por encima de ellos, pero no como amos, ni se ven a sí mismos como siervos, a la manera de los judíos. Es la concepción de una raza más feliz y poderosa, un reflejo de lo más logrado de su estirpe, por tanto, un ideal y no un contrario de su propia esencia. Hay ahí una afinidad completa… Se tiene de sí mismo una noble imagen cuando uno se da tales dioses». Son dioses acaso un tanto frívolos, sujetos a pasiones y expuestos a algunos conflictos, pero de una hermosa, radiante y ejemplar vivacidad. No se imponen aplastantes, no amedrentan, como las divinidades de otras religiones, sino que brindan una imagen un tanto lúdica de una existencia luminosa y feliz. «Los dioses de la vida ligera son el juego más elevado que el mundo ha recibido en herencia» (Nietzsche).

La recepción de los mitos en la literatura

La literatura griega arcaica y clásica tuvo como temática fundamental el relato de los mitos tradicionales. Esas narraciones heredadas fueron retomadas y recreadas por los poetas, de modo que los mitos de dioses y héroes constituyeron la materia básica de la poesía épica primero, y del teatro trágico y de gran parte de la lírica desde la época arcaica (en la lírica coral, sobre todo). Homero narra las gestas de los reyes aqueos que lucharon en Troya y el regreso de Odiseo en la *Ilíada* y la *Odisea*. Pero hubo otros muchos relatos épicos sobre otros héroes que se nos han perdido, y los conocemos apenas de nombre y por breves fragmentos. Hubo ciertamente una larga tradición oral anterior al paso a la escritura en el siglo VIII a. C. Hesíodo cuenta en su *Teogonía* el origen del mundo y los dioses, y en *Los Trabajos y los Días* nos habla de otros mitos y temas menores.

Ninguno de los grandes poetas épicos inventa sus temas, sino que uno y otro componen sus versos tras invocar, al comienzo del poema, la ayuda de las musas, hijas de la Mnemosyne, la memoria, como queda dicho. Al dar a los mitos una forma literaria admirable dejan fijada la tradición mitológica para las generaciones posteriores, con magisterio reconocido en todo el mundo griego. Homero es el poeta que todos recuerdan. Es el educador por excelencia de los griegos.

Los autores de tragedias —ya en la democrática Atenas del siglo V a. C.— ponen en escena los mitos heroicos invitando a la reflexión sobre ellos. No insisten en la gloria de los héroes, sino en su destino terrible y la catástrofe y el dolor de los más grandes. Es decir, rememoran lo patético de sus peripecias, el *pathos* que sigue a la grandeza heroica. Con excepción de *Los Persas* de Esquilo, todas las tragedias evocan mitos heroicos. Solo excepcionalmente, en el *Prometeo encadenado* de este mismo autor, casi todos los personajes son dioses. Prometeo sufre por rebelarse contra los designios de Zeus.

Aunque toman sus temas de la tradición, los poetas trágicos no carecen de originalidad en sus versiones. Al escenificar el mito, lo recrean con nuevos sentidos. Tomemos como ejemplo la versión que presenta Sófocles en su famoso *Edipo rey*.

El dramaturgo no pretende contar toda la historia del mítico monarca de Tebas: Edipo, hijo de Layo y nieto de Lábdaco. El público que acudía al teatro ya conocía bien ese relato, e incluso algunos de los espectadores ya habrían visto en escena anteriores versiones sobre él. Pero Sófocles construye el drama de modo impactante y novedoso. Es el propio Edipo quien, muchos años después de haber matado a su padre y haberse casado con su madre, sin ser consciente de ello, se presenta como un rey sabio y justo ante su pueblo para investigar el misterioso asesinato de Layo y salvar a la ciudad de la peste, un castigo tardío enviado por los dioses.

Al avanzar en su investigación y bucear en el pasado, Edipo descubre quién es él. Sus pesquisas le llevan averiguar que no solo es un rey sabio, el vencedor de la terrible Esfinge, sino que fue el asesino de su padre, y está casado con su propia madre, Yocasta, y en el incesto es padre de sus hijos. Ese pasado ignorado le revela como un criminal, pero a la vez, en el fondo, Edipo es inocente, y ahora su amor a la verdad, al bucear en su oscuro pasado, le lleva a la destrucción. ¡Qué espléndida es la construcción dramática de este Edipo, con un protagonista que resulta ser, a la vez, el investigador y el culpable, el juez que se condena a sí mismo y el que ejecuta una terrible sentencia! Se arranca los ojos y marcha al final al destierro, maldito y ciego, acompañado solo por su hija Antígona. ¡Qué catástrofe tan perfecta, tan implacable!

En la poesía lírica domina la referencia al presente y la expresión del sentir personal del poeta. Sin embargo, aun así, en los poemas suelen aparecer alusiones a muy varios mitos, ya sea en contraste con el tema tratado del presente o para iluminar ejemplarmente alguna escena o situación afectiva. Sucede en la lírica personal —en los versos de Safo, por ejemplo—, pero sobre todo son frecuentes las alusiones a mitos en la lírica coral: la de Píndaro y Baquílides. Los relatos míticos ofrecen un telón de fondo a los cantos humanos y son como chispas luminosas en los poemas a los vencedores en los juegos atléticos. El poeta recuerda en brillantes alusiones las proezas de los héroes míticos como parangón y paradigma de los triunfos de los aristócratas y los atletas coetáneos.

También en la poesía helenística hallamos alusiones a muy variados mitos, a veces con un afán erudito o en ecos más o menos pintorescos.

Recordemos que también la poesía y el teatro latinos están muy marcados por la tradición poética griega, y se construyen en la evocación constante de su mitología. Tanto el mayor poema épico romano, la *Eneida* de Virgilio, como el extenso relato mitológico de Ovidio, las *Metamorfosis*, ofrecen los ejemplos más memorables de esa continua permanencia de la mitología helena en el ámbito latino. Ambas obras, con su incomparable resonancia literaria a lo largo de muchos siglos en la cultura europea —en la literatura y la pintura y escultura—, confirman el encanto y la seducción de los antiguos relatos míticos.

El arte griego

Los griegos habían quebrado las leyes rígidas del arte del Oriente antiguo y habían partido hacia el descubrimiento de todos los rasgos nuevos que la observación podía añadir a la imagen tradicional del universo. Pero sus obras no son simples espejos que reflejen al azar cada aspecto de la naturaleza. Aportan siempre la impronta de la inteligencia que las ha concebido.

E. H. Gombrich

Tanto en arquitectura como en escultura los antiguos griegos realizaron obras que han sido admiradas durante siglos como paradigmas del llamado «arte clásico». Desde luego, las creaciones griegas fueron vistas como clásicas, es decir, dignas de imitación, ya muy pronto por los romanos, como luego lo han sido en el arte europeo a partir del Renacimiento. Cierto es que todo clasicismo tiene sus momentos de auge y sus momentos de crisis, y se ve a menudo enfrentado a las críticas de las vanguardias y los modernistas, o a la degradación de su vigor original en las copias desanimadas y los tópicos de la retórica académica. Pero lo clásico es lo que, de algún modo, sobrevive a las modas y vuelve siempre. La afición a la claridad y la sencillez, la búsqueda de una armonía en el conjunto son rasgos permanentes en el arte griego. La «noble sencillez y la serena grandeza» que elogiaba Winckelmann son trazos característicos del legado clásico helénico.

Por lo demás el arte griego nos sorprende con su constante evolución, en sus intentos de ofrecer nuevos acentos en la manera de representar la belleza en cada momento, una inquietud que se percibe al confrontarlo con el arte estático de otras culturas. Hay en los griegos un renovado afán de nuevos acentos combinado con su permanente atención a lo humano.

Mucho antes que los griegos, los arquitectos y escultores egipcios ya habían erigido templos y pirámides colosales y esculpido grandiosas estatuas e incontables relieves de una rara perfección. Y ciertamente, en algunos casos, como en el de las esculturas del período arcaico, la influencia de los artistas egipcios sobre los griegos es manifiesta. Pero mientras que las figuras egipcias permanecen inmutables, las griegas parecen vivir y cambiar con el tiempo, adquiriendo nuevas intenciones expresivas. A la serenidad clásica le sigue luego el patetismo y el barroquismo de las figuras del arte helenístico. De la misma manera, aunque la fórmula básica del diseño del templo griego permanece constante, con su frente de columnas y su nave central, ese perenne diseño va cobrando altura y ligereza y elegancia al combinar sus columnas de austero estilo dorio con las del jónico y el corintio. Algunos de sus templos son imponentes, pero sin embargo no impresionan por su tamaño colosal, sino por la admirable proporción de sus elementos y la ajustada armonía del conjunto.

También en la escultura, como en otros dominios de la cultura, podemos advertir ese constante afán de renovación, que busca avanzar desde una temprana abstracción geométrica y de esquemas idealistas hacia el realismo de su madurez, en una variación que parece un trazo distintivo del mundo helénico. También aquí notamos el anhelo «progresista» que, tanto en los artistas como en los pensadores griegos, va ensayando nuevas formas, como para dar más vivacidad a sus creaciones, respetando en el fondo las estructuras esenciales, pero añadiendo luego refinados matices. Mientras que en la estatuaria egipcia es difícil datar una obra, porque los modelos se mantienen rígidos durante siglos y siglos, las estatuas o las cerámicas griegas ofrecen una sutil evolución que permite fecharlas con admirable precisión. En unos lustros la representación ha modificado significativamente sus formas. Esto puede advertirse, por ejemplo, ya en las estatuas de esos jóvenes atléticos, los llamados *kouroi*, que desde el siglo VI a. C. van poco a poco cobrando movimiento, avanzando sus piernas y variando sus ojos y sus sonrisas.

Además de esa inquietud, tal vez podemos subrayar en el arte griego dos características: la centralidad de la figura humana, donde se destacan un tanto idealizadas su belleza y nobleza, y, por otra parte, la atención a la proporción y la medida, expresión de lo que a su vez podríamos llamar una armonía geométrica, algo que se observa muy bien en sus magníficos templos. De esas tendencias del arte griego, búsqueda de la proporción y exaltación de la figura humana, ha tomado muy buena nota el arte clásico europeo. Recordemos que para los griegos los dioses eran muy semejantes a los humanos, tanto en su figura como en sus pasiones; se mezclaban a veces con ellos, y muchos héroes eran sus descendientes. En Grecia el tamaño colosal se reservaba para las grandes estatuas de los dioses, erguidas en templos y santuarios, mientras que las de los humanos se alzaban sobre tumbas y relieves conmemorativos.

En una visión muy esquemática, podemos distinguir varias etapas del arte griego. En sus inicios está el período minoico-micénico, representado por los palacios cretenses —como el de Cnossos, excavado y en parte reconstruido por A. Evans, en Creta—, y, en pintura, por algunos frescos de esos mismos palacios, que nos sorprenden por su colorido y la variedad de figuras. Es en ese arte minoico-micénico donde hallamos las primeras muestras del arte griego, que aún no se ha definido del todo. A cierta distancia, tras la llamada «época oscura», en la época arcaica, ya en los siglos VIII-VII a. C., encontramos los primeros templos, que presentan la estructura básica de los de época clásica, en tamaño menor.

Es ya en el siglo V a. C. cuando logra el apogeo la arquitectura, representada por templos que tienen en su decoración espléndidos ejemplos de escultura, bien sea en estatuas exentas o en múltiples figuras en los relieves de sus fachadas. Grandes templos como el de Hera en Argos, el de Poseidón en Paestum, el de Teseo al borde del ágora ateniense y, sobre todo, el Partenón en la Acrópolis son muy significativos ejemplos de los logros de ese tiempo de esplendor, el del siglo de Pericles. Pero no hay que olvidar los grandes templos construidos al otro lado del Egeo, en Samos, Éfeso, Mileto y Dídima, de tamaño colosal algunos. Tenemos pocas muestras de otros edificios públicos o de residencias palaciegas; la gran arquitectura estuvo reservada a esos templos y santuarios, testimonios de la religiosidad tradicional del pueblo griego. De todos modos, hay que recordar que, más tarde, en plena época helenística, hubo monumentos locales de otro carácter y tamaño colosal, que merecieron figurar entre las siete maravillas del mundo, como el Coloso de Rodas, el Mausoleo de Halicarnaso, o el Faro de Alejandría, que conocemos tan solo por las referencias de autores antiguos.

Ya en el siglo VI a. C. encontramos como ejemplos más representativos de la escultura arcaica las estatuas de jóvenes de ambos sexos, desnudos y atléticos los masculinos y vestidas las recatadas muchachas de ojos vivos. En estos *kouroi* y *korai* podemos ver un claro preludio de la representación clásica de la belleza. La desnudez masculina es un rasgo muy significativo de la tradición griega. (De los griegos la heredará la escultura europea desde el Renacimiento). Recordemos que en la Grecia clásica los atletas se ejercitaban desnudos, tanto en carreras como en otros juegos, y en la vida cotidiana, en gimnasios y palestras, el desnudo masculino era una visión bastante frecuente. Héroes y dioses se representaban a veces en hermosa y «heroica desnudez». En muy notorio contraste, el desnudo femenino aparece muy tarde, a comienzos del período helenístico (en estatuas de la diosa Afrodita, en los primeros ejemplos).

A diferencia del masculino estos desnudos femeninos ofrecen una belleza que transpira sensualidad erótica.

Es la época de los famosos escultores, como Mirón, Policleto, Fidias, y algo después Praxíteles y Escopas, que con sus obras representan el canon indiscutible del clasicismo. Fidias y Policleto representan bien los ideales del canon más clásico. Praxíteles aportó una nueva sensibilidad atenta a lo suave y sensual, y con él el desnudo femenino inicia su camino en la historia del arte europeo. Escopas otorga una expresividad dramática intensa a sus figuras trágicas y rostros dolientes. Más tarde, ya en época de Alejandro, hay que añadir a la lista de estos maestros el nombre de Lisipo, el escultor de la más famosa estatua de aquel, con un nuevo y elegante sentido del espacio.

La época helenística va introduciendo muchas novedades en motivos y estilos, aportando frente a la antigua belleza serena e ideal un expresivo realismo y dramatismo, y, por otra parte, ese realismo va buscando nuevos temas: por ejemplo, en la escultura, representaciones de niños, viejos, desnudos de diosas, etc. De esa época son justamente famosas estatuas como el *Laocoonte*, *El niño de la espina*, la *Venus de Milo*.

Desde el siglo IV a. C. encontramos ya evidentes retratos realistas, que resultan una interesante novedad frente a los retratos idealizados de épocas anteriores, como todos los que hemos conservado de grandes personajes del pasado. Este fuerte tono realista que preludia y enlaza bien con la gran producción de retratos de personajes reales contemporáneos, sean figuras enteras o bustos, desde los retratos de familiares y antepasados a los de los emperadores, que tenemos en el mundo romano.

Lo que conservamos de la escultura griega es tan solo una muestra reducida de lo que fue. La mayoría de las piezas que hoy conocemos son copias romanas y tardías en mármol de las auténticas obras clásicas, que en su mayoría eran en bronce. (Son excepción el *Auriga de Delfos*, o los dos *Guerreros de Riace*, rescatados del fondo marino). Son pues muy contadas y escasas las originales, y aun estas nos han llegado en muchísimos casos con notables desgastes y fragmentadas, como por ejemplo sucede con los relieves del friso del Partenón. Pero con esos fragmentos y las copias en mármol nos hacemos una idea de lo que fue la tradición y producción escultórica griega.

Mucho peor es lo que sucede con la pintura, pues no nos ha llegado ninguna obra de los más famosos pintores de época clásica y helenística. Sabemos por referencias antiguas que tanta fama como los escultores tuvieron en su época algunos pintores, como Polignoto, Zeuxis y Apeles, por ejemplo, que ahora son poco más que nombres para nosotros. Porque todas las pinturas antiguas se nos han perdido, ya que los soportes materiales de los cuadros no pudieron resistir el paso de los siglos, y las pinturas murales de ciertos monumentos, como el pórtico del ágora ateniense, desaparecieron al destruirse estos. Tan solo nos quedan, mínimos testimonios de lo que fue ese arte de tan notable prestigio, algunos supuestos ecos en los frescos pintados en las ruinas de Pompeya y numerosos mosaicos, copias toscas y a distancia de algunos famosos cuadros, pero que sugieren la belleza de sus modelos.

Sí tenemos, por otro lado, incontables figuras y escenas dibujadas en las decoraciones de vasos y vasijas en la cerámica de muy varias épocas y lugares. Es fácil advertir la espectacular evolución que atestiguan las piezas desde la época minoica a la helenística y romana. Grandes vasos funerarios con decoración geométrica, vasos con figuras negras o con figuras rojas, ánforas con escenas heroicas y temas mitológicos, copas menores de muy finas imágenes..., las muestras de esa cerámica inigualable se encuentran en numerosos museos arqueológicos. La cerámica suele considerarse un arte menor y de destino popular, y sus productos obras no de grandes artistas, sino de diestros artesanos, pero nos admira y sorprende la riqueza de temas y sus originales diseños adaptados a las formas de los variadísimos vasos griegos.

En la ausencia de la pintura de los grandes artistas podemos, pues, consolarnos admirando la prodigiosa, incesante y popular creatividad de los pintores de la cerámica. También ahí se muestra el mismo anhelo de representar el mundo cotidiano y familiar en el ágil diseño de tan varias estampas, ya se trate de la representación de una diosa o un atleta o un animal, una escena fúnebre, una secuencia mitológica o una alusión teatral, o bien aspectos de la vida cotidiana (un banquete, una escuela, mujeres en la fuente, niños jugando, etc.). Hallamos en esas pinturas, alternando con temas tópicos, numerosos y variopintos episodios mitológicos, ya conocidos por la literatura, y a veces con detalles novedosos. En fin, las estupendas y variadas muestras del arte cerámico atestiguan a lo largo de siglos un ingenio popular vivaz, un oficio de singular impacto.

Como nota marginal, recordemos que tanto el color de las estatuas como el de los templos han sido borrados por el tiempo. Tanto los monumentos como las imágenes estaban en su momento coloreados. Pero esos vivos colores se perdieron hace mucho, y nos hemos acostumbrado a verlas como mármoles totalmente blancos o muy pálidos. Y estamos familiarizados con la palidez de los relieves y las columnas y las estatuas, hasta tal punto que resulta difícil imaginarnos cómo pudieron presentarse con sus colores originales, con tonos fuertes: rojos, azules, verdes… Nos cuesta imaginar el Partenón refulgente en vivos colores, las diosas y dioses repintados con colorido fuerte y chillón, pero así estuvieron… Claro que no se verían lo mismo los colores bajo el cielo claro y el deslumbrante sol mediterráneo que en las salas frías de un museo. (En ocasiones se han mostrado algunas estatuas coloreadas, expuestas en copias de museos). Según mi impresión, ahora nos parecen mucho más atractivas en su desnudez marmórea, como si la pérdida de esos colores, un tanto chillones a veces, les hubiera dado un aire de eternidad al que nos hemos acostumbrado. (En fin, también el cine en blanco y negro parece tener un cierto encanto).

Renacimiento y Humanismo

El término de Renacimiento se aplica al amplio movimiento cultural y artístico que, tomando impulso inicial en la Italia del siglo XV, se propuso recobrar y redescubrir el legado de la Antigüedad clásica, es decir, hacer revivir la interpretación del mundo humano que podía encontrarse en los textos y monumentos griegos y romanos. Esa búsqueda del saber y el arte del mundo antiguo estuvo marcada por un entusiasmo y una simpatía vital característica de la época de los humanistas, que se inicia en la Italia renacentista con una admirable brillantez, y de allí luego se difundirá por toda Europa.

Humanismo es una palabra que se emplea tan solo desde comienzos del siglo XIX —fue inventada por F. J. Niethammer en 1808—, pero *humanista* se usaba ya en Italia a fines del siglo XV, aplicado a los maestros de lenguas clásicas y a quienes se ocupaban de los *studia humanitatis*, es decir, de lo que llamamos «humanidades» (frente a los teólogos y legistas). Este es el primer sentido de este término, bien definido históricamente. Si bien el famoso libro de J. Burckhardt *La cultura del Renacimiento en Italia* (1860) logró identificar ese Renacimiento con el Humanismo, cabe añadir ahora que el segundo de estos conceptos suele usarse en una acepción más amplia y general, como 'la cultura de base humanista', es decir, sustentada por el cultivo de las llamadas «humanidades» o «ciencias humanas» y el estudio renovado de las lenguas clásicas (griego y latín).

La llegada a Italia de prestigiosos sabios griegos que enseñaban griego y que trajeron con ellos numerosos textos clásicos —ya en la segunda mitad del siglo XV y la primera del XVI— fue un hecho fundamental para la difusión del helenismo en Occidente. Al tiempo que Constantinopla caía en manos de los turcos y así desaparecía el último resto del Imperio bizantino, es decir, el último reducto del Imperio romano de oriente, gracias a esos doctos refugiados se recuperaba la gran tradición intelectual de la Grecia antigua. Pronto las imprentas de ciudades como Florencia y Venecia producen las espléndidas ediciones pioneras de clásicos griegos, e inauguran así la transmisión textual de los clásicos que perdura hasta nuestros días.

Los humanistas se aplicaron al estudio de la Antigüedad, y se empeñaron en difundir ese regreso a la sabiduría y belleza del mundo antiguo más allá del ámbito clerical y universitario. Promovieron el estudio del latín (y más tarde del griego) como el camino hacia el entendimiento de ese mundo antiguo, tratando de reavivar el brillante legado de los textos clásicos y distanciándose del oscurantismo clerical del Medievo. Frente al sentimiento de familiaridad con el mundo antiguo que la Edad Media había sentido, el humanismo aportó una perspectiva histórica, y vio y leyó el pasado clásico como un ámbito distinto y fascinante. Trató de comprender y revivir esa civilización como un universo coherente y admirable, esplendoroso, paradigmático y estimulante, tanto en literatura y filosofía como en el arte y, en conjunto, como una cultura llena de vida y color, un horizonte de figuras míticas y de libertades en todos los campos.

Los *studia humanitatis* —que incluían junto al uso del buen latín clásico y el saber leer griego antiguo enseñanzas de gramática y retórica— facultaban el hablar docto y escribir correctamente, y también el familiarizarse con la historia antigua y la tradición de la filosofía moral. Estudiando a Homero y Tucídides, a Platón y Plutarco, a Virgilio y Cicerón, los humanistas enseñaban una cultura, que heredaba la antigua *paideia*, que los latinos traducían con el vocablo *humanitas*[10].

---

[10] Me gustaría glosar este concepto, aunque sea en nota, y subrayar la importancia que con relación a él tuvieron los libros y la lectura. Lo hago citan-

Si bien el conocimiento del griego y el latín era considerado una condición necesaria para el acceso a las grandes obras del pasado, pronto fueron apareciendo las traducciones a las lenguas vulgares. Los grandes pioneros del Humanismo fueron Petrarca, Boccaccio, Erasmo y T. Moro, y luego Maquiavelo, Ronsard y Montaigne, entre otros. Y en otras artes, como la pintura, la escultura y la arquitectura, grandes artistas como Leonardo da Vinci, Miguel Ángel, Rafael, y luego Tiziano, Rubens, etc.

En ese contexto de libertad y de renovación, que recobra con admiración los textos e imágenes e ideas del fulgurante pasado, con confianza en su propio presente, Burckhardt habla del «descubrimiento del mundo y del hombre», y del «desarro-

---

do unas breves líneas de S. Dresden en *Humanismo y Renacimiento* (Madrid, Guadarrama, 1968):

> Lo que hace al hombre humano es su *humanitas*. La palabra resulta difícil de traducir porque ha ido adquiriendo a lo largo de los años significados que han eclipsado su sentido peculiarmente humanístico. Es curioso que la *humanitas* fuese un concepto de los siglos XV y XVI. Porque esta es la época de las luchas continuas, sangrientas enemistades y rencillas, de hogueras e intolerancia. Si algo de esta existió fue debido a las ideas humanistas y erasmianas…
>
> La reacción *humana*, ese vivir plenamente la vida como hombres que somos, no se alcanza naturalmente mediante un desprendimiento espontáneo. Requiere concentración y estudio. Los *studia humanitatis*, que corresponde a nuestra *humanitas*, condujeron a un conocimiento de lo que el hombre debía ser. Por medio del estudio, lo que el hombre realmente es estaba siendo descubierto y experimentado. Y era característico del pensamiento humanístico que esto llegara a suceder mediante los libros y el lenguaje. El arte de la imprenta, como sabemos, tuvo una enorme influencia. Para muchos fue casi un milagro (Rabelais hablaba de una revelación divina) el tener libros y el que la sabiduría estuviese a su disposición en su propio ambiente. ¿Es de sorprender acaso el que concedieran tanta importancia a los libros? Los libros podían influir en el mundo y el género humano; y cambiarlo. Quizá fuera una ilusión, pero ¡qué gran ilusión! Petrarca vivió rodeado de manuscritos: los textos que estaba leyendo o escribiendo. Incluso Maquiavelo pasó mucho tiempo de esta manera, a pesar de su activa preocupación por los problemas políticos reales. Más todavía Erasmo, en tanto que la reclusión de Montaigne en su torre fue un retiro junto a sus libros (pp. 231-232).

llo de la individualidad» destacando las impresionantes y significativas figuras de esa época, tan decisiva para la cultura posterior europea. De tal modo, el Renacimiento no es solamente el redescubrimiento y la resurrección de la Antigüedad concebida como un modelo estético y moral, sino que significa a la vez una renovación total de la conciencia humana y de la manera de concebir la vida, la política, la religión, la guerra y el arte. Como una imagen del dios Jano, la cultura de la época mira hacia el pasado tanto como al futuro que está construyendo con impulso heroico. (Recordemos, por otra parte, que la renovación cultural y espiritual en la época moderna está marcada por grandes cambios, como la difusión de la imprenta, la Reforma protestante, el descubrimiento y conquista de América, etc.).

Como antes apuntábamos, resulta bastante más difícil definir el concepto más general de «humanismo», es decir, ese humanismo que no está ligado a un momento histórico concreto, sino que designa una actitud ante la cultura y el mundo. Es una noción a la que apunta ya en el título un libro como el de A. Bullock, *La tradición humanista en Occidente*, que ofrece una historia del humanismo europeo hasta hoy. Tal vez resulte útil señalar esa referencia a una tradición que fundamentalmente se desarrolla en el Renacimiento, como hemos señalado, con su claro y tenaz intento de reivindicar los valores estéticos y las inquietudes y propuestas morales de la cultura grecorromana, es decir, de los clásicos antiguos. Puede, pues, hablarse del humanismo renacentista y del humanismo de la Ilustración del siglo XVIII, y del humanismo del XIX y del humanismo del siglo XX, cada uno de ellos con notas singulares o características propias. Tal vez puede subrayarse lo que todos ellos tienen de común: la preocupación por encontrar en la tradición que remonta a la herencia intelectual y moral de los antiguos referencias y apuntes para aclarar los problemas del presente en cada caso, contrastando lo antiguo y lo moderno. Ciertamente, en su larga tradición filosófica y política, el mundo de Grecia y Roma ha ofrecido infinitas sugerencias sobre la sociedad y las creencias humanas, al tiempo que su variada literatura conserva un fulgor poético incomparable.

La idea de humanismo está ligada a la de «educación» (*paideia*, *humanitas*) y el estudio y la adhesión a ciertos valores que siguen aún marcando nuestra ética y la comprensión de lo humano más auténtico. Y no se trata tanto de imitar a los antiguos, en un academicismo frío, como de ver y buscar en ellos estímulos y ejemplos para avanzar en una reinterpretación del mundo, renovadora y apasionada, como hicieron los artistas y pensadores del Renacimiento. El humanismo promueve la libertad de pensamiento, un afán de búsqueda de la verdad, en un progreso hacia un horizonte cosmopolita. Rechazando dogmatismos e imposiciones, en él resuena como un eco la frase del sofista Protágoras: «El ser humano es la medida de todas las cosas».

Nuestra civilización ha avanzado muchísimo, en un progreso tecnológico y científico, pero no por ello puede arriesgarse a prescindir del humanismo, en su sentido más amplio. La historia del pensamiento filosófico, que tuvo sus comienzos en la Grecia presocrática, ha recorrido un larguísimo camino de varios siglos. Pero incluso algunos de los pensadores más influyentes e inquietantes de la modernidad, como Marx, Freud y Nietzsche, y luego Heidegger, supieron hallar en los antiguos griegos profundas y sugerentes ideas y motivos de inspiración.

Epílogo

¿Por qué Grecia?

Tenemos, consciente o inconscientemente, una deuda con los antiguos griegos. Ellos fueron los que inauguraron muchos de los caminos por donde ha avanzado nuestra cultura occidental. Esos antiguos griegos, pioneros en muchos de los logros y progresos en la aurora de la cultura europea, siguen siendo, tras un largo y complejo recorrido de más de veintitantos siglos, gentes de los que nos sentimos próximos, poetas y pensadores, sabios y artistas a los que admiramos y entendemos bien. En el marco de ese antiguo mundo helénico surgieron la teoría política y la praxis democrática, la poética y los géneros literarios, la filosofía y la ciencia, y las creaciones de un arte que consideramos clásico y los juegos atléticos que aún imitamos.

No fueron, desde luego, creaciones surgidas en el vacío, puesto que sabemos que lo que un tiempo se calificó de «milagro griego» pudo florecer aprovechando elementos de otras culturas anteriores. Los griegos admiraban los monumentos y la sabiduría de los egipcios y conocían algunos de los logros de las grandes culturas del Medio Oriente, y supieron aprovechar y reajustar esas influencias, que muchas veces perfeccionaron con renovada perspectiva teórica. La introducción del alfabeto fenicio, en el siglo IX-VIII a. C., y su perfeccionamiento mediante la notación de las vocales con nuevos signos propios, es, a mi entender, el mejor ejemplo. Las matemáticas y la astronomía griegas deben, sin duda, algunos datos al saber de Egipto y Babilonia, pero desde Tales a Arquímedes y Euclides avanzan una nueva ciencia teórica de la matemática y la geometría.

Fue en el espacio geográfico griego, en unos pocos siglos, y en el marco de las ciudades helénicas, esas *poleis* que caracterizan a la sociedad clásica griega, donde aparecen y se desarrollan nuevos conceptos acerca de la vida libre y la búsqueda de la verdad, conceptos que aún nos parecen esenciales para una existencia digna. Y en ese ámbito se inicia la reflexión crítica sobre la condición humana en el cosmos, la filosofía que de alguna manera inicia la tradición del saber crítico, y que aún, pienso, nos resulta intrigante y familiar. En esa Grecia se expresa, como nunca antes, la consideración del ser humano como medida de todas las cosas. Allí surgió la democracia, ese sistema de gobierno donde los ciudadanos, libres e iguales, configuran una forma ejemplar de convivencia política, una comunidad basada en la ley, el orden social y la libertad (que se asegura mediante la *téchne politiké*, como decían Protágoras, Platón y Aristóteles).

Podemos recordar algunas palabras griegas aún resonantes. El mundo, según el filósofo Anaximandro deviene un *kosmos*, como lo es la ciudad, la *polis*, donde el orden se afirma en la justicia (*díke*) y la ley (*nomos*), y promueve la libertad y el saber, es decir, *eleuthería* y *sophía*. La búsqueda del saber mediante el *logos* (palabra y razón), que es la tarea más digna del ser humano y racional, porque algunos filósofos piensan que la verdad (*alétheia*), como la naturaleza misma de las cosas (*physis*), está escondida tras las apariencias (*tà phainómena*) y debe ser descubierta o desvelada mediante el diálogo y el razonamiento. (La verdadera realidad suele andar oculta bajo vanas apariencias, como señala la sentencia de Heráclito: *physis phileî kryptesthai*, «la naturaleza gusta de esconderse»). Mediante su pensamiento crítico y libre, el *logos,* el filósofo la busca.

Ese es el gran reto para el entendimiento humano. Desde que surge la desconfianza en la tradición, cuando ya no bastan los antiguos *mythoi* para explicar el mundo, hay que recurrir al *logos*. Ese *logos* (palabra y razón) que, como dijo Heráclito, es común a todos los humanos, es el arma para explicar el mundo de verdad, para entender los fenómenos y las causas de los mismos, y comprender la armonía honda y oculta del mundo, visto como un *kosmos*, un universo que, como la ciudad, está configurado según firmes leyes que la razón humana puede descubrir y el lenguaje de la ciencia entender y expresar.

En su libro titulado *¿Por qué Grecia?* (1992) la helenista Jacqueline de Romilly señala que la extensión de la cultura griega no se debió al poder conquistador de los griegos:

> Grecia no conquistó ningún pueblo, no transfirió sus instituciones a ninguno y ni siquiera supo construir su unidad. Fue vencida por los macedonios y luego por los romanos. Estableció colonias en derredor del Mediterráneo, pero esas colonias no eran más que pequeños islotes de población griega, muy alejados entre sí y que no pretendían anexionar o dominar los países de los alrededores. La cultura de los griegos no tenía *a priori* ninguna posibilidad de extenderse fuera de Grecia...[11].

Fueron los romanos los primeros que la aceptaron como una herencia espiritual que dio impulso a su mejor arte y litera-

[11] Cito por la traducción española de Olivia Bandrés (Madrid, Debate, 1997, p. 11).

tura. Muchos de ellos leyeron y estudiaron a los autores griegos y los emularon con fervor. Y empezaron a traducir sus textos, ya vistos como clásicos. Fue el poeta Horacio quien escribió la famosa sentencia «Grecia vencida capturó a sus vencedores», subrayando cómo ese legado griego había seducido a los romanos. Gran parte de la literatura y el arte romanos es continuación de modelos griegos. Muchos siglos después, en la época del Renacimiento los humanistas italianos y europeos volvieron a recuperar el legado de la cultura griega, y desde entonces hasta ahora se ha mantenido, estudiado y comentado sin tregua la influencia formidable de la literatura, el arte y la filosofía griegos en la cultura occidental.

Junto al amor a la libertad y el afán de belleza, los griegos apreciaron ante todo el meditar acerca del sentido del mundo y la razón del ser humano, y pensaron que ese saber podía alcanzarse mediante la indagación personal, más allá de las explicaciones de los antiguos mitos. «Quisieron dar cuenta de la vida humana en términos de razón e instauraron la civilización del *logos*», escribe Jacqueline de Romilly. Sin descuidar los encantos de los mitos, se empeñaron en la investigación racional y teorizaron sobre la realidad y sus fundamentos mediante razonamientos y diálogos, con gran tenacidad. En la vida contemplativa, el *bíos theoretikós*, en su más amplio sentido, veía Aristóteles la más alta posibilidad de la existencia humana. Pero junto al saber científico, que busca dar razón de las causas exactas de los fenómenos, hay otros caminos de la sabiduría. Y la máxima délfica «conócete a ti mismo» apunta otra senda esencial. En esa dirección humanista avanza Sócrates cuando afirma que «una vida sin examen crítico» no merece vivirse.

Gran mérito de los griegos, pues, fue repensar y desarrollar la comunicación social en el sentido más amplio de la palabra *política*, y tratar de realizarla en la práctica histórica, aunque su más claro ejemplo, la democracia ateniense, acabara de modo trágico.

Descubrieron y practicaron la filosofía con muy diversos maestros. Fueron creando los grandes géneros literarios: la épica heroica, la lírica coral y personal, y el drama teatral, en sus dos subgéneros clásicos, la tragedia y la comedia. E inventaron y diseñaron la historiografía, la biografía, y las novelas de amor y aventuras. Por otra parte, trazaron los ejes teóricos de múltiples ciencias, desde la matemática a la biología y las ciencias naturales, pasando por la medicina hipocrática y la astronomía. Con su sentido propio de la belleza y la armonía, diseñaron los cánones del arte del clasicismo occidental tanto en la arquitectura como en la escultura y la pintura. Y fueron artistas admirables tanto en las artes mayores como en algunas artesanías menores, como la cerámica. Diseñaron los ideales de una educación humanista —la famosa *paideia*—, moral y poética, gimnástica y racional, para una existencia consciente y digna de ser vivida en libertad.

Estos apuntes quieren destacar cuántos caminos modernos han nacido de la antigua Grecia. Es decir, la trascendencia del legado griego. Y, a la vez, intentan sugerir qué fácil es acercarse a los antiguos griegos, lejanos, pero a la vez familiares y cercanos.

Glosario de términos griegos

agón: conflicto, lucha, disputa.
aiei: siempre.
aitía: causa, culpa.
alétheia: verdad.
ápeiron: infinito.
apódexis: demostración.
arché: comienzo, gobierno.
areté: virtud, excelencia.
ate: fatalidad, ruina.
autárkeia: autosuficiencia.
autopsía: inspección ocular.
basileús: rey.
bíos: vida.
Boulé: consejo.
demos: pueblo. Y también un distrito de Atenas.
democratía: democracia, gobierno del pueblo.
diálektos: habla, lengua, dialecto.
díke: justicia.
doron: regalo.
doxa: opinión.
ecclesía: asamblea.
eleos: compasión.
eleuthería: libertad.
gnome: razón, sentencia.
hamartía: error, culpa.
Heliea: tribunal ateniense de justicia.
hemitheós: semidiós, héroe.
hippéus: caballero.
historía (*historíe*): investigación, historia.
hybris: exceso, arrogancia.
idiotes: particular.
isonomía: igualdad ante la ley.
katharós, kátharsis: puro, purificación.
kalón: hermoso. *Tò kalón*: la Belleza.
koiné: común (*Koinè Glossa*: lengua común).
koinonía: comunidad.

kleos: fama, gloria.
kosmos: orden, universo, mundo.
kryptesthai: ocultarse.
ktema: posesión.
logos: palabra, razón, razonamiento.
metis: astucia.
misthós: salario, paga.
mythos: mito, relato tradicional.
nomos: ley, costumbre.
némesis: venganza, castigo.
paideia: educación, cultura.
paídeusis: educación, enseñanza.
parábasis: discurso del coro.
pathos: sufrimiento, pasión.
polis, poleis: ciudad, ciudades.
politeia: ciudadanía, gobierno cívico.
politikós: cívico, político.
polytropos: de muchos trucos.
pontos: mar, altamar.
phainómena: fenómenos, apariencias.
philía: amistad, afecto familiar.
phileîn: amar, tratar con afecto.
philosophía: amor al saber, filosofía.
philósophos: filósofo.
phobos: terror, temor.
physis: naturaleza.
sophía: sabiduría.
sophós: sabio.
syggraphé: tratado, texto.
téchne: arte, oficio, técnica.
thálassa, thálatta: mar.
thaumázein: admirar, admirarse.
theoría: teoría, contemplación.
theoretikós: teórico.
theós: dios.
thetes: menestrales, ciudadanos de clase baja.
tyche, Tyche: azar, suerte, Fortuna.
zôon: animal, ser vivo.

Nota de fonética: He transliterado las letras griegas según la norma habitual europea. Conviene advertir que en la actual pronunciación española *th*, *ph* y *ch* suenan respectivamente: *z, f, j*. (*Theta*, *Phi* y *Chi* eran *aspiradas* en griego clásico, pero nosotros las pronunciamos como consonantes *fricativas*, tal como se pronuncian ahora en el griego moderno). La *z (dseta)* griega debe leerse como *ts* (como *z* en francés).

Bibliografía general

Libros de conjunto

Barceló, P. y Hernández de la Fuente, D. *Historia del pensamiento político griego*, Madrid, Trotta, 2014.

Boardman, J.; Griffin, J.; Murray, O. *Historia Oxford del mundo clásico. I. Grecia*, Madrid, Alianza, 1988.

Burkert, W. *Religión Griega*, Madrid, Abada, 2007.

De Romilly, J. *¿Por qué Grecia?*, Madrid, Debate, 1997.

Dodds, E. R. *Los griegos y lo irracional*, Madrid, Alianza, 1997.

Finley, M. *El legado de Grecia*, Barcelona, Crítica, 1983.

Freely, J. *El mundo de Homero*, Barcelona, Crítica, 2015.

Gentili, B. *Poesía y público en la Grecia antigua*, Barcelona, Sirmio, 1996.

Gómez Espelosín, F. J. *Introducción a la Grecia antigua*, Madrid, Alianza, 2014.

Hamilton, E. *El camino de los griegos*, Madrid, Turner, 2002.

Jaeger, W. *Paideia. Los ideales de la cultura griega*, México, FCE, 1955.

Lane Fox, R. *El mundo clásico*, Barcelona, Crítica, 2005.

Hernández de la Fuente, D. y López Melero, R. *Civilización Griega*, Madrid, Alianza, 2014.

Latacz, J. *Troya y Homero*, Barcelona, Destino, 2003.

Mosterín, J. *La Hélade. Historia del pensamiento*, Madrid, Alianza, 2006.

Murcia Ortuño, J. *De banquetes y batallas*, Madrid, Alianza, 2007.

Nestle, W. *Historia del espíritu griego*, Barcelona, Ariel, 1975.

Pomeroy, S.; Burnstein, S.; Donlan, W.; Tolbert, J. *La antigua Grecia*, Barcelona, Crítica, 2011.

Robertson, M. *El arte griego*, Madrid, Alianza, 1981.

Rodríguez Adrados, F. *Ilustración y política en la Grecia Clásica*, Madrid, Revista de Occidente, 1966.

Snell, B. *El descubrimiento del espíritu*, Barcelona, El Acantilado, 2008.

Vernant, J. P. *Mito y pensamiento en la Grecia antigua*, Ariel, 1973.

Sobre Atenas y época clásica

Agudo Villanueva, M. *Atenas. El lejano eco de las piedras*, Madrid, Confluencias, 2018.

Bowra, C. M. *La Atenas de Pericles*, Madrid, Alianza, 1970.

Domínguez Monedero, A. *Solón de Atenas*, Barcelona, Crítica, 2001.

Lesky, A. *La tragedia griega*, Barcelona, El Acantilado, 2001.

Loraux, N. *La invención de Atenas*, Madrid, Katz, 2012.

Murcia Ortuño, J. *Atenas: el esplendor olvidado*, Madrid, Alianza, 2016.

Reinhardt, K. *Sófocles*, Barcelona, Destino, 1976.

Scott, M. *Delfos. Historia del centro del mundo antiguo*, Barcelona, Ariel, 2015.

Época helenística y bizantina. Humanismo

Barceló, P. *Alejandro Magno*, Madrid, Alianza, 2007.

Bullock, A. *La tradición humanista de Occidente*, Madrid, Alianza, 1989.

Gómez Espelosín, F. J. *En busca de Alejandro*, Alcalá de Henares, UAH, 2016.

HEINEN, H. *Historia del Helenismo. De Alejandro a Cleopatra*, Madrid, Alianza, 2007.

HERNÁNDEZ DE LA FUENTE, D. *Breve historia de Bizancio*, Madrid, Alianza, 2014.

HERRIN, J. *Bizancio*, Madrid, Debate, 2009.

LANE FOX, R. *Alejandro Magno*, Barcelona, El Acantilado, 2007.

ONIANS, J. *Arte y pensamiento en la época helenística*, Madrid, Alianza, 1996.

MITOLOGÍA, LITERATURA, FILOSOFÍA

GARCÍA GUAL, C. *Diccionario de mitos*, Turner, 2017.

— *Epicuro*, Madrid, Alianza. 2017.

— *Historia mínima de la mitología*, Madrid, Turner, 2014.

— *Los siete sabios (y tres más)*, Madrid, Alianza, 2007.

GUZMÁN GUERRA, A. *Introducción al teatro griego*, Madrid, Alianza, 2005.

HERNÁNDEZ DE LA FUENTE, D. *Mitología Clásica*, Madrid, Alianza, 2015.

— *Oráculos griegos*, Madrid, Alianza, 2005.

HIGHET, G. *La tradición clásica*, 2 vols., México, FCE, 1955.

KERÉNYI, K. *Los héroes griegos*, Girona, Atalanta, 2009.

LESKY, A. *Historia de la literatura griega*, Madrid, RBA, 2009.

STANFORD, W. B. *El tema de Ulises*, Madrid, Dykinson, 2013.